Franz Heyder

Beiträge zur Frage der Auswanderung und Kolonisation

Franz Heyder

Beiträge zur Frage der Auswanderung und Kolonisation

ISBN/EAN: 9783744709125

Hergestellt in Europa, USA, Kanada, Australien, Japan

Cover: Foto ©ninafisch / pixelio.de

Weitere Bücher finden Sie auf **www.hansebooks.com**

Beiträge
zur Frage der
Auswanderung und Kolonisation.

Inauguraldissertation
zur Erlangung
der Doktorwürde einer hohen philosophischen Fakultät der Universität Heidelberg
von
Franz Seyder.

Heidelberg.
1894.

Seinen lieben Eltern

in Dankbarkeit gewidmet

vom

Verfasser.

Inhalt.

		Seite
I.	Die deutsche Auswanderung	1—9
II.	Die Wertberechnung der Auswanderung	9—21
III.	Die Einwirkungen der Auswanderung	21—26
IV.	Unser bisheriges Verhalten gegenüber unserer Auswanderung und die Stellung der Einwanderungsländer zu derselben	26—34
V.	Kolonisation als Ziel einer deutschen Auswanderungspolitik	34—44
VI.	Vorbedingungen der Kolonisation und Gründe gegen eine solche	44—52
VII.	Nationale Verpflichtung des Staates zur Kolonisation	52—56
VIII.	Allgemeine Gesichtspunkte einer deutschen Auswanderungspolitik	56—61
IX.	Die Beschränkung der Auswanderung	61—74
X.	Wohin kann die Auswanderung geleitet werden?	74—83
XI.	Garantieen für eine beabsichtigte Verwertung der Auswanderung	83—89
XII.	Wie kann eine Ablenkung und Konzentration der Auswanderung erfolgen?	89—95
XIII.	Umfang der Verstaatlichung des Auswanderungswesens und sonstige zu ergreifende Maßregeln	95—106
XIV.	Beamtenorganisation zum Schutz und zur Pflege der Auswanderung	106—112

Lebenslauf.

Am 12. April 1864 wurde ich, **Franz Ferdinand Gotthold Heyder**, zu Bruchstedt bei Tennstedt in Thüringen geboren. Nach genossenem Elementarschulunterricht besuchte ich die Gymnasien zu Mühlhausen in Thür. und Wurzen. Von letzterer Anstalt Ostern 1886 mit dem Reifezeugnis entlassen, studierte ich zuerst Theologie und sodann Staatswissenschaften an den Universitäten zu Halle, Straßburg, Marburg und Heidelberg. In Heidelberg hörte ich die Professoren Geheim. Rat Knies, Geheim. Rat Meyer, Jellinek, v. Kirchenheim und Dr. Heimburger, denen ich zu großem Dank mich verpflichtet fühle.

I.
Die deutsche Auswanderung.

Es giebt kaum eine Frage, die für das Volksleben von solcher Bedeutung ist, wie die Auswandererfrage, es giebt kaum eine Erscheinung für den Nationalökonomen, die ihm ein besseres Hilfsmittel an die Hand gebe, die wirtschaftlichen Zustände und ihre Wirkungen auf ein Volk zu untersuchen; freilich ist dabei nicht davon auszugehen, daß eine starke Auswanderung eo ipso ein Krankheitssymptom sei.

Groß ist die Menge der Triebfedern, die eine Emigration bewirken können, und dieselben können sogar ein Zeichen der Gesundheit des betreffenden Volkes und seiner öffentlichen Zustände sein.

Was verstehen wir aber nun zunächst unter Auswanderung? Es sind drei Momente, die diesen Begriff bestimmen. Erstens das Verlassen des Heimatlandes mit der ausgesprochenen Absicht, nicht dahin dauernd zurückzukehren. Es fallen also nicht unter diesen Begriff die Arbeiterwanderungen, wie sie besonders von Italien aus nach Frankreich und Deutschland stattfinden, oder die Wanderungen fremder Hausierer, hauptsächlich österreichischer und italienischer, ebenso nicht die Wanderungen der Arbeiter polnischer Nationalität, wie sie zur Erntezeit alljährlich aus den östlichen deutschen Provinzen nach den westlichen stattfinden, und aus Rußland hinwiederum nach unseren östlichen Grenzbezirken. Es fallen auch nicht unter diesen Begriff die sogenannten Absentisten, die den größten Teil des Jahres oder auch mehrere Jahre nach einander in außerdeutschen Bade- und Vergnügungsorten zubringen. Bei allen diesen Kategorien ist die Absicht vorhanden, nach der Heimat zurückzukehren. Man kann auch nicht ein Aufgeben der Staatsangehörigkeit als ein entscheidendes Kriterium ansehen, obwohl dasselbe besonders bei der deutschen Auswanderung meistens mit dieser verbunden zu sein pflegt.

Es ist oder braucht dies aber nicht der Fall zu sein, wenn der betreffende Staat eigene Siedelungskolonieen besitzt, und auch die deutschen Auswanderer in Palästina (die Templer) haben ihre Staatsangehörigkeit beibehalten und auf ihre Nachkommen vererbt.

Es tritt überhaupt bei der modernen Auswanderung, wenn wir so sagen dürfen, das negative Element, d. h. das bewußte und beabsichtigte Aufgeben und Sichlossagen vom Heimatstaat mehr in den Hintergrund gegenüber dem positiven Gesichtspunkte, d. h. dem Aufsuchen eines neuen Wohnsitzes. Wir könnten auch die Wanderung aus einem deutschen Staat in einen andern oder die aus einer Provinz in eine andere, soweit die später anzuführenden Momente auf sie anwendbar sind, als Auswanderung bezeichnen, ebenso wie wir ja auch gegensätzlich von einer europäischen Auswanderung reden, wir verstehen aber im folgenden unter Heimatland immer den Staatsverband des deutschen Reiches.

Das zweite Moment ist die ausgesprochene Absicht, am aufgesuchten Ziele sich eine dauernde Heimat zu gründen. Es fällt also unter unseren Begriff diejenige Kategorie von Leuten, die das deutsche Reich dauernd verlassen, um entweder im übrigen Europa, oder wie es meistens der Fall ist, in Amerika sich niederzulassen, also diejenigen, die wir gewohnheitsmäßig schon als Auswanderer bezeichnen.

Endlich müssen wir als drittes Moment die Freiwilligkeit dieses Vorgehens anführen, denn wir bezeichnen nicht als Auswanderer diejenigen, welche als Verbrecher deportiert worden sind, ein Fall, der ja bei uns allerdings nicht weiter in Betracht kommt, oder diejenigen, die aus politischen oder religiösen Gründen „verschickt" oder „vertrieben" werden.

Auswanderung ist also: das freiwillige, dauernde Verlassen des Heimatlandes, um anderwärts sich eine neue Heimstätte zu gründen.

Für Deutschland ist die Auswandererfrage eine besonders aktuelle, da unsere Auswanderung neben der von Großbritannien und Irland numerisch die allerbedeutendste ist. Deutschland hat in diesem Jahrhundert über 5 Millionen Menschen abgegeben. Die Zahl der deutschen Auswanderer beginnt erst in den dreißiger Jahren unseres Jahrhunderts eine größere zu werden; während z. B. nach nordamerikanischen Quellen die deutsche Einwanderung in den Jahren 1820—30 nur 7729 Köpfe betrug, stieg dieselbe im Jahre 1832 allein auf 10194 und betrug im Zeitraum 1831—40: 152454 Köpfe, um sodann noch rapider zu wachsen, sie war nämlich von

1841—50: 436 626 Köpfe,
1851—60: 951 667 =
1861—70: 822 607 =

Nach der Statistik des Reiches wanderten aus insgesamt
1871—80: 625 656, davon nach Nordamerika 555 866,
1881—90: 1 336 814,   =   =   = 1 232 486.

Im einzelnen gestaltet sich die Auswanderung seit 1880 folgendermaßen:

Jahr	Zahl der Auswanderer	Prozent der Bevölkerung	Jahr	Zahl der Auswanderer	Prozent der Bevölkerung
1881	220 902	4,86	1887	104 787	2,20
1882	203 585	4,45	1888	103 951	2,15
1883	173 616	3,77	1889	96 070	1,97
1884	149 065	3,22	1890	97 103	1,97
1885	110 119	2,36	1891	120 089	2,41
1886	83 225	1,77	1892	116 339	2,31

Diese Zahlen gelten für die Summe der deutschen Auswanderer über deutsche, belgische, holländische und französische Häfen.

Es gingen aber allein deutsche Auswanderer über französische Häfen z. B. im Zeitraum 1880—87: 55 260, d. h. noch mehr als die gesamte französische Auswanderung im gleichen Zeitraum betrug. Dieselbe umfaßte nämlich nach französischen Angaben 48 584 Köpfe.

Abgesehen von dieser großen überseeischen Auswanderung besteht aber auch eine bedeutende europäische, die sich lange Zeit hauptsächlich nach Rußland und Österreich wandte, bis ihr hier in neuerer Zeit fast unüberwindliche Schwierigkeiten erwachsen sind. Diese europäische Auswanderung entzieht sich aber viel mehr einer genaueren Zählung, ja selbst einer einigermaßen sicheren Schätzung als die überseeische.

Während von Löher*) für frühere Zeit, nämlich für 1857 bis 1876 50 000 Köpfe pro Jahr für Rußland rechnet, giebt er die Zahl für 1877 nur auf 36 650 an. Diese Zahl dürfte jedoch in neuester Zeit noch ganz erheblich herabgegangen sein.

Das Hauptziel war aber immer, und besonders in neuerer Zeit, Nordamerika. Daneben gingen weniger beträchtliche Auswanderungszüge nach Brasilien und Australien. Die einzelnen Wanderziele verteilen sich für die über deutsche und holländischen Häfen Gehenden folgendermaßen:

Jahr	Verein. St. v. Amerika	Brasilien	Übriges Amerika	Australien	Afrika	Asien
1881	206 189	2102	1162	745	314	35
1882	189 373	1286	1588	1247	335	40
1883	159 894	1583	1716	2104	772	50
1884	139 339	1253	2063	666	230	35

*) v. Löher: Rußlands Werden u. Wollen. München 1881. III. Buch, S. 61.

Jahr	Verein. St. v. Amerika	Brasilien	Übriges Amerika	Australien	Afrika	Asien
1885	102 224	1713	2331	604	294	72
1886	75 591	2045	1398	534	191	116
1887	95 976	1152	1555	500	302	227
1888	94 364	1129	1922	539	331	230
1889	84 424	2412	2243	496	422	262
1890	85 112	4096	1607	474	471	165
1891	108 611	3710	1937	438	599	97
1892	107 803	779	2654	376	476	120

Die Auswanderung hat sich sozusagen von selbst auf die Vereinigten Staaten konzentriert, für die Löher*) im Jahre 1847 mehr als $^1/_5$ der Bevölkerung als Deutsche herausrechnet.

Er schreibt nämlich: „Nimmt man an, wofür die früheren statistischen Wahrnehmungen Grund geben, daß die jetzige Bevölkerung der Vereinigten Staaten auf nahe 21 Millionen sich beläuft, rechnet die beinahe 3½ Millionen ausmachenden Sklaven und Farbigen davon ab: so erhellt, daß die Deutschen weniger als den vierten und mehr als den fünften Teil der weißen Bevölkerung bilden. Würde man freilich alle die rechnen, welche von deutscher Herkunft sind, so würden die Deutschen den dritten Teil der weißen Bevölkerung hergegeben haben."

Daß diese Angaben nicht zu hoch gegriffen waren und sind, wie man vielfach annimmt und angenommen hat, geht daraus hervor, daß nach nordamerikanischer Einwanderungs-Statistik Deutschland ohne Österreich und die Schweiz im Zeitraum von 1821 bis 1890 mit 29 Proz. der Gesamteinwanderung beteiligt war, während auf Großbritannien 16,6 Proz. und auf Irland 23,7 Proz. fielen. Es zeigen uns diese Zahlen deutlich, wie gewaltig der Strom der deutschen Emigration dorthin war und ist, denn auch jetzt noch steht die deutsche Nationalität in Bezug auf die Zahl der Einwanderer dort oben an, denn dieselbe betrug ohne Österreich und die Schweiz auch im Jahre 1891 noch 20,89 Proz. der Gesamteinwanderung, während auf Großbritannien und Irland 20,44 Proz. kommen.

Den Berufsverhältnissen nach verteilen sich nach amerikanischen Angaben**) die im Zeitraum vom 1. Juli 1882 bis 30. Juni 1883

---

*) Löher: Geschichte und Zustände der Deutschen in Amerika. Cincinnati und Leipzig 1847. S. 357.
**) cf. Eheberg: Die deutsche Auswanderung, Heidelberg 1885, S. 13 und Herzog in Schmollers Jahrbuch für Gesetzgebung, Verwaltung und Volkswirtschaft. IX. Jahrgang. Leipzig 1885. S. 41—50.

z. B. eingewanderten 194 786 Deutsche folgendermaßen: 857 höhere
Berufsarten, 25 190 gelernte Arbeiter, 51 282 Farmer, Tagelöhner,
Dienstleute und Händler, 117 161 ohne Beruf, d. h. meistens
Frauen und Kinder. Die Zahl der Berufslosen ist aber besonders
deshalb so groß, weil gerade unter unseren Auswanderern nach
Nordamerika im Vergleich zu denen anderer europäischer Länder
sich ein großer Prozentsatz Frauen befindet. Diese werden aber
zum bei weitem größeren Teile verheiratet sein, und deshalb unter
die Zahl der Berufslosen auch eine größere Anzahl Kinder gerech-
net werden müssen als bei anderen Völkern. Verschwindend klein
ist die Zahl der höheren Berufsarten, die sich zur Auswanderung
entschließen, und hieraus auch die wenig einflußreiche Stellung des
deutschen Elementes in den Vereinigten Staaten hauptsächlich zu
erklären. Ein Drittel der unter Angabe eines Berufes gezählten
nehmen die qualifizierten Arbeiter ein, zwei Drittteile entfallen auf
die bäuerlichen Einwanderer, denn wir haben Grund anzunehmen,
daß unter den angegebenen 51 282 die erdrückende Mehrheit der
bäuerlichen Bevölkerung angehörte, d. h. vom Lande kam und im
Landbau beschäftigt war und auswanderte, um auch wieder Landbau zu betreiben, mochten sie nun gleich das nötige Kapital zum
Ankauf besitzen oder die Absicht haben, dasselbe irgendwie erst zu
erwerben.

Folgendermaßen gestaltete sich der Anteil der einzelnen deutschen
Staaten und Provinzen:

Herkunft	1890	1891	1892	Proz. der Bevölkerung i. Jahre 1892
Ostpreußen	2 051	2 681	2 305	1,17
Westpreußen	10 986	15 733	13 491	9,33
Brandenburg mit Berlin	4 214	5 773	6 828	1,00
Pommern	8 382	9 751	9 854	6,44
Posen	11 241	18 278	15 211	8,43
Schlesien	2 246	2 677	3 254	0,76
Sachsen	1 471	1 915	2 437	0,92
Schleswig-Holstein . .	3 917	4 207	3 931	3,17
Hannover	5 929	6 727	7 255	3,14
Westfalen	2 356	3 279	2 883	1,15
Hessen-Nassau . . .	2 775	3 025	2 811	1,00
Rheinland	4 037	5 031	5 877	1,22
Hohenzollern	97	64	59	0,00
Königreich Preußen . .	59 702	78 141	76 196	2,40

Herkunft.	1890.	1891.	1892.	Proz. der Bevölkerung i. J. 1892
Bayern (rechts-rheinisch)	7 880	8 721	8 178	1,66
‒ (Rheinpfalz)	1 845	2 355	1 879	2,34
Königreich Bayern	9 725	10 756	10 057	1,78
Königreich Sachsen	2 577	4 126	4 920	1,36
Württemberg	5 987	6 182	5 728	2,79
Baden	3 546	4 162	4 054	2,42
Hessen	2 122	1 992	1 716	1,70
Mecklenburg-Schwerin	1 133	1 536	1 329	2,20
Sachsen-Weimar	282	406	371	1,13
Mecklenburg-Strelitz	198	333	175	1,78
Oldenburg	1 001	1 142	1 296	3,62
Braunschweig	305	254	333	0,80
Sachsen-Meiningen	241	258	346	1,52
‒ Altenburg	117	135	141	0,81
‒ Coburg-Gotha	206	246	193	0,92
Anhalt	96	162	105	0,36
Schwarzburg-Sondershsn.	118	65	67	0,87
‒ Rudolstadt	94	121	239	2,74
Waldeck	83	91	85	1,47
Reuß ältere Linie	66	131	83	1,27
Reuß jüng. Linie	206	237	237	1,92
Schaumburg-Lippe	35	47	27	0,68
Lippe	103	137	223	1,70
Lübeck	77	105	85	1,08
Bremen	938	1 170	1 053	5,71
Hamburg	1 862	2 152	2 110	3,23
Elsaß-Lothringen	923	1 138	922	0,57
Deutschland, ohne nähere Angabe	182	67	117	—
Summa	91 925	115 392	112 208	—

Über französische Häfen gingen 1890: 5178, 1891: 4697, 1892: 4131, für diese fehlen sowohl die Angaben der engeren Heimat als auch des Auswanderungszieles.

Wir sehen also, daß die norddeutsche Auswanderung bedeutend stärker ist als die süddeutsche.

In Süddeutschland nimmt besonders Württemberg eine hervorragende Stellung ein, im Norden und Osten treten Pommern,

Posen, Westpreußen und Mecklenburg hervor, dagegen pflegt die Auswanderung aus allen industriellen Gegenden eine geringe zu sein. Diese sind alle stärker bevölkert als die ackerbautreibenden, es geht daraus hervor, daß Übervölkerung nicht der Grund der Emigration sein kann, sondern derselbe wo anders zu suchen ist. Wir müssen ferner abweisen, als ob politische oder religiöse Veranlassungen vorlägen, dieselben kommen, höchstens mit Ausnahme von Posen und Westpreußen, gar nicht in Betracht. Für diese Provinzen werden wir aber denselben wohl einen gewissen Einfluß zuschreiben müssen. Es ist besonders die deutsche Bevölkerung jener Landesteile, die auswandert, vielfach, weil sie inmitten des polnischen, katholischen Elementes nicht recht heimisch werden kann und vielleicht auch, weil sie selbst nicht vor allzulanger Zeit erst eingewandert, es leichter über sich gewinnt, aufs neue zum Wanderstabe zu greifen. Die Hauptgründe der Auswanderung sind vielmehr auf wirtschaftlichem Gebiete zu suchen und zwar so überwiegend, daß man wohl sagen kann, sie sind nur auf wirtschaftlichem Gebiete zu suchen.

Nehmen wir nun an, daß die Bewohner der Meeresküste wegen ihrer Vertrautheit mit dem Meere und ihrem dadurch schon mehr in die Ferne gerichteten Blick, an und für sich ein größeres Kontingent stellen, und daß die Auswandererklasse der gelernten Arbeiter, abgesehen von diesem Einfluß des Meeres, sich ziemlich gleichmäßig auf alle Provinzen verteilt, so erklärt sich die übrige Differenz, im Norden und Osten durch das bedeutende Überwiegen des landwirtschaftlichen Großbetriebes, im Süden (Württemberg und manche Bezirke in Baden und Bayern) durch die übermäßige Zersplitterung des Grundbesitzes. v. Philippovich*) nimmt 3 Gruppen der Auswanderer nach ihrem Herkunftsorte an:

1. Die aus den nordöstlichen Provinzen mit dem Großgrundbesitz Kommenden;
2. die aus Baden, Württemberg, der Pfalz und dem südlichen Bayern mit ihrem zersplitterten Besitz Auswandernden;
3. die aus Mitteldeutschland, Rheinland, Hannover, Sachsen Kommenden, bei denen mehr „allgemeine Einflüsse" den Ausschlag geben.

Für die Kategorie der gelernten Arbeiter (Handwerker) werden wir vielleicht annehmen können, daß es im allgemeinen Leute sind, die trotz durchschnittlicher persönlicher Tüchtigkeit doch aus Mangel

---

*) v. Philippovich: Auswanderung u. Auswanderungspolitik. Leipzig 1892. Einleitung S. XXIII u. f.

an hinreichendem Vermögen sich unter unseren heutigen Verhältnissen nicht mehr eine unabhängige, selbständige Stellung zu gründen im stande sind; es wird bei vielen auch die noch immer gebräuchliche Institutiou der Wanderschaft den Abschied vom Mutterlande leichter gemacht und ihren Blick nach dem Auslande gelenkt haben. Inwiefern sich ihre Hoffnung, in Amerika das zu finden, was sie suchen, verwirklichen läßt, wollen wir nicht weiter untersuchen.

Was die andere große Kategorie der bäuerlichen Bevölkerung anbetrifft, so ist auch hier bei vielen das Streben, sich selbständig und unabhängig machen zu wollen, ein hauptsächlicher Beweggrund. Mancher auch, der sein schon kleines Gütchen nochmals in Zukunft unter seine zahlreichen Kinder verteilt sieht, fühlt, daß diese sich von ihrem zusammengeschrumpften Besitz allein nicht mehr ernähren können und zieht, um seine Kinder hiervor zu bewahren, in die Ferne. Dort, wo der Großbetrieb herrscht, wird selten von den Großgütern, die noch dazu sehr oft mit Fideikommiß belegt sind, oder noch im Lehensverbande sich befinden, eine Parzelle zum Verkauf kommen, und wo der Kleinbetrieb herrscht, werden diese Parzellen gewöhnlich mit horrenden, weit über den Wert hinausgehenden Preisen bezahlt. Hierzu kommen noch für viele Auswanderer die günstigen Berichte Verwandter oder Bekannter, die Übersendung von Reisegeld seitens derselben, Verlockung durch Agenten und dergleichen, zuweilen auch eine gewisse Abenteuerlust oder der Wunsch die Heimat zu verlassen aus irgend welchen Gründen der Ehre z. B., weil jemand eine Gefängnisstrafe erlitten hat. Es giebt natürlich überhaupt kein Grund, der nicht hie und da eine Veranlassung zur Auswanderung wäre, die Haupttriebfeder aber ist das Streben, sich eine unabhängige Stellung zu erwerben und seine wirtschaftliche Lage zu verbessern. Philippovich*) meint: „Die weitere Entwickelung der Auswanderung aus Deutschland wird daher nicht sowohl von der Lage der Dinge hier beherrscht werden als von den Verhältnissen der Einwanderungsländer. Ihr wirtschaftlicher und politischer Gesamtzustand wie ihre Einwanderungspolitik im besonderen werden Ausschlag gebend werden für die Fortdauer oder Abnahme der Stärke der deutschen Auswanderung."

Wir können ihm hierin nicht beistimmen. Der einfachste Beweis dafür, daß die Auswanderung vielmehr von den Zuständen und Verhältnissen Deutschlands abhängt, als von denen der Einwanderungsländer, scheint mir der zu sein, daß z. B. im Jahre 1873: 110483, 1877: 22898, 1881: 220902, 1887: 83225,

---

*) Ebenda: Einleitung Seite XXIV u. XXV.

1892: 116339 Personen auswanderten. Woher kommt diese große Verschiedenheit? In diesem raschen Tempo haben die Einwandererverhältnisse in Nord-Amerika — denn dieses kommt ja eigentlich nur in Betracht — doch nicht gewechselt. Wohl könnte ein plötzlicher Wechsel in der diesbezüglichen Politik eines unserer Einwanderungsländer unsere Auswanderung auf kurze Zeit verringern, aber dauernd kann dieselbe dadurch kaum beeinflußt werden. Sie würde sich in diesem Falle sehr bald neue Bahnen suchen und nur das betreffende sich ihr entgegenstellende Land vermeiden. Im allgemeinen glaube ich, sind nur die Verhältnisse des Mutterlandes maßgebend, wenigstens rücksichtlich der überseeischen Auswanderung, denn der Schnitt, den eine derartige Auswanderung zwischen Vergangenheit und Zukunft macht, ist zu tief und zwar trotz aller günstigen Kommunikationsmittel und dem eventuell für dort erwarteten Anschluß; es müssen also starke Triebfedern vorhanden sein, um ihn zu veranlassen. Diese können aber nur in solcher Stärke wirkend in den Verhältnissen des Mutterlandes und nicht eines fernen Einwanderungsstaates gefunden werden. Die überseeische Auswanderung ist eine unvergleichlich andere und schwerere Sache als das Wandern vom Lande nach der Stadt mit vermeintlich besseren Erwerbsbedingungen, oder von einer Stadt nach der anderen, selbst vom Inlande nach einem Nachbarstaate, wo der Lohn vielleicht ein höherer ist. Der wirtschaftliche und politische Zustand Deutschlands und nicht derjenige der Einwanderungsländer, scheint mir, wird „maßgebend sein für die Fortdauer der Stärke der deutschen Auswanderung."

II.

Die Wertberechnung der Auswanderung.

Aus dem Bestreben heraus, diese unsere Verluste klar und deutlich zum Ausdruck und dem Verständnis näher zu bringen, sind die verschiedenen Berechnungen sowohl des von den Auswanderern mitgenommenen Vermögens als auch des in den Personen selbst verloren gebenden Kapitals hervorgegangen. In Bezug auf das mitgenommene Vermögen ist man dabei zu ziemlich übereinstimmenden Resultaten gekommen, um so größer sind aber die Differenzen hinsichtlich der Schätzung der personalen Verluste. Nach Kennedy, Vorsteher des Castle-Garden, beträgt das Barvermögen der deutschen Einwanderer pro Kopf durchschnittlich 68 Dollar, hierzu kommen aber noch die sonst noch mitgenommenen Vermögensobjekte, besonders aus Edelmetall, wie Schmucksachen, Eheringe ꝛc. Etwas derartiges, wenn auch von unbedeutenderem Wert, wird wohl im Besitz fast aller Auswanderer sich befinden. Andere Berechnungen kommen diesen Angaben ziemlich nahe und auch Becker*) von den neueren, diese Materie behandelnden Schriftstellern, nimmt 350 Mk. pro Kopf an.

„Das macht bei einem jährlichen Verluste von etwa 100 000 Köpfen 35 Mill. Mk." Er ist freilich der Meinung, daß dieser Verlust nicht so schwerwiegend sei. Nach seiner Berechnung werden im Deutschen Reiche ungefähr 2500 Mill. Mk. jährlich erspart, und er meint, daß also, wenn davon 35 Millionen abgingen, ja immer noch 2465 Millionen übrig blieben, „eine Differenz, die bei der ungemein großen Elastizität der Volkswirtschaft nicht merkbar werden kann und der irgend welches Gewicht für unsere Volkswirtschaft nicht beizumessen ist." **)

Wenn man aber bedenkt, daß 35 Millionen dann ungefähr der 71. Teil alles Ersparten sein würden, so wird man doch wohl ganz anderer Meinung sein können und müssen. Den Wert, den die Auswanderer für die Zurückbleibenden haben (ihren personalen Wert), giebt Becker pro Kopf auf 800—900 Mk. an, das ergiebt also einen Verlust von 80—90 Millionen Mk. jährlich. Er setzt aber die Verluste geringer an, als seither üblich war; sagt jedoch selbst: ***) „Ist dieser Verlust pro Kopf auch nur ein Drittel oder ein Viertel so groß, wie er seither geschätzt zu werden pflegte, so reicht er doch beinahe aus, um sagen zu können, daß mit Millionen von Auswanderern, ungefähr soviel Milliarden von Mark für unsere Volkswirtschaft verloren gehen." Auch dieser Verlust ist noch enorm, aber in jeder Weise zu niedrig angegeben, wie wir weiter unten zeigen werden. Friedrich Kapp hat 1871 berechnet, daß die Deutschen nach Nordamerika pro Kopf 150 Thaler bar mitbringen, daß sie aber einschließlich Erziehungskosten 750 Thaler als den niedrigsten Betrag mit und in ihrer Person der neuen Heimat zuführen. Molbenhauer schätzt den diesbezüglichen Kapitalverlust auf 300 Millionen jährlich für unsere Volkswirtschaft, und Jannasch nimmt einen jährlichen Verlust von 800 Millionen an. Hinsichtlich der personalen Verluste durch die Auswanderung macht sich gerade neuerdings wieder

---

*] R. Becker, Unsere Verluste durch Wanderungen in Schmollers Jahrbuch für Gesetzgebung, Verwaltung und Volkswirtschaft. Leipzig 1887. XI. Jahrgang. S. 776.
**] Ebenda S. 779.
***] Ebenda S. 782.

eine Strömung geltend, die dieselben als verhältnismäßig wenigstens ziemlich unbedeutend hinzustellen sucht. Auf eine diese Verluste als wenig schwerwiegend behandelnde Art der Schätzung, nämlich der Beckers, wollen wir etwas näher eingehen, da wir glauben, daß gerade im jetzigen Zeitpunkte derartige optimistische Ansichten von der weittragendsten schädlichen Wirkung sein können.

Becker verfällt unserer Ansicht nach in den Fehler, erstens unsere Einwanderung und Auswanderung gleich hoch zu bewerten, zweitens unseren Verlust nur in dem verlorengehenden Überschuß der Produktion über die Konsumtion zu suchen und meint, Grund und Boden unterstützten um so besser die Arbeit der Zurückbleibenden, drittens den Wert der Auswanderer von einem falschen Gesichtspunkte aus zu betrachten und demgemäß die Verluste zu berechnen.

Becker*) sagt nämlich: „Natürlich kann dieser Verlust nur insoweit, als er durch den Gewinn aus Einwanderung nicht ersetzt wird, in Frage kommen, sodaß eigentlich nur von dem Verluste durch den Überschuß der Auswanderung über die Einwanderung die Rede sein sollte," und meint ferner: **) „es ist nicht im mindesten zu bezweifeln, daß unsere Volkswirtschaft aus ihrer (der Einwanderer) Arbeit denselben Nutzen wie aus der Arbeit Einheimischer zieht." Zwar auch er sagt, daß wenn uns plötzlich 100000 unbemittelte Fremde auf den Hals kämen, um Arbeit und Brot zu erhalten, wir uns wohl für ihre Aufnahme bedanken würden, da sie nicht leicht in die ganze Volkswirtschaft eingefügt werden könnten. Thatsächlich steht dies wohl in einem gewissen Widerspruch mit obigem, denn einfügen muß sich doch jeder einzelne Einwanderer auch erst. Die Einwanderer bei uns repräsentieren aber weder selbst den Menschenwert wie unsere Auswanderer, noch bringen sie auch dasselbe Kapital mit, es wäre also mit einem bloßen Abziehen der Einwandererzahl von der der Auswanderer allein schon nichts zu erreichen.

Einen solchen Standpunkt ist man vielleicht berechtigt, hinsichtlich der französischen Einwanderung einzunehmen, die beträchtliche Summen in das Land bringt, oder in Bezug auf die Niederlande, wo die Einwanderung großenteils die einbegreift, die nach Erwerb eines Vermögens in den tropischen Kolonien in die Heimat zurückkehren, wie dies auch in England häufig der Fall ist. Bei uns aber Einwanderer und Auswanderer gleich zu setzen, ist doch wohl ein gewagtes Beginnen. Wir haben beinahe keine derartige Rückwanderung und wir haben auch nicht wie Frankreich — Paris,

---

*] Ebenda S. 767. **] S. 783.

eine solche Anziehungskraft auf andere Nationen, daß sie kämen, um ihre Renten und erworbenen Vermögen bei uns zu verzehren, wenigstens ist dies nicht der Fall in beträchtlichem Umfange.

Unsere Einwanderung kommt fast nur aus Rußland und Österreich, besonders Böhmen. Während in Holland, England, Frankreich die Einwanderer zu bedeutendem Prozentsatze einer höheren Gesellschaftsklasse angehören als die Auswanderer und schon über eine bessere Bildung und mehr Barmittel verfügen, ist bei uns das Gegenteil der Fall. Unsere Einwanderer bringen weder dieselben Barmittel mit, noch stellen sie selbst das gleiche „Menschenkapital" dar, denn sie gehören fast durchgängig dem Arbeiterstande an und stehen, was Schulkenntnisse und Lebenshaltung anbetrifft, bedeutend hinter unserer Auswanderung zurück. Abgesehen davon, daß also dieser Minderbetrag schon abgerechnet bedeutend ins Gewicht fallen würde, ist aber anzunehmen, daß, wenn unsere Einwanderer sich in unsere Volkswirtschaft „einfügen", eben beträchtliche Rimessen an Eltern und Familie gemacht werden, und daß auch manche, wenn sie sich recht wohl „eingefügt" hatten und Vermögen erworben haben, nach der Heimat mit deutschem Gelde zurückkehren, ohne daß sie von uns, weil nur die überseeische Auswanderung gezählt wird, auch nur in Anschlag gebracht werden können, daß sie ferner bei der geringen Entfernung ihrer Heimat auch häufig in manchen Beziehungen Konsumenten ihrer heimischen Erzeugnisse bleiben.

Wenn also die deutschen Auswanderer nach Becker nichts zur Ersparung beitragen, so ist doch anzunehmen, daß sie anderen das Sparen erleichtern, indem sie eben ihren Verdienst eventuell ganz unserer eigenen Volkswirtschaft zu gute kommen lassen; aber die Einwanderer tragen dann durchschnittlich nicht nur nicht zu Ersparnissen für unsere Volkswirtschaft bei, sondern sie entziehen derselben sogar Ersparnisse, um sie einer anderen Volkswirtschaft zuzuführen.

Wenn es richtig ist, daß die Volkswirtschaft aus der Arbeit Fremder denselben Nutzen zieht, so ist ja schon der Vorschlag gemacht worden, für die Latifundien links der Elbe chinesische Kulis als Feldarbeiter heranzuziehen, sicherlich würde die Volkswirtschaft im angezogenen Sinne noch größeren Nutzen aus deren Arbeit ziehen. Aber selbst von diesem Standpunkte aus ist die gleiche Arbeitsleistung nur scheinbar. Unsere eine bessere Lebenshaltung führenden Arbeiter sind doch sicherlich auch leistungsfähiger als jene, die hier in ganz neue Verhältnisse eintreten, sich erst allmählich an eine bessere Lebenshaltung gewöhnen und gewissermaßen erst geistig und körperlich kräftigen. Daß sich die Volkswirtschaft mit ihren Leistungen zufrieden giebt, ist darin zu suchen, daß eben keine andern Kräfte zu Gebote stehen.

Die dauernde, gleichmäßige Rentabilität eines Unternehmens beruht sicherlich zum großen Teil auf einer entsprechenden Harmonie der dabei Beschäftigten und diese Harmonie kann, wenn wir von sozialdemokratischen Hetzereien absehen, am ersten durch Hinzukommen solcher fremd-nationalen Elemente, wie wir sie in unserer Einwanderung aufnehmen, gestört werden. Wie übrigens die Praxis darüber denkt, geht daraus hervor, daß die großen landwirtschaftlichen Betriebe Sachsens jederzeit auch teurer bezahlte, ansässige Arbeiter denen polnischer Nationalität vorziehen, und daß im südlichen Königreich Sachsen eine Familie sicher einen teurer bezahlten deutschen Dienstboten einem tschechischen vorzieht, wenn er eben zu haben ist.

Wir erinnern noch daran, welche Wirkungen eine solche Einwanderung auf Sittlichkeit, nationale und religiöse Verhältnisse und, damit verbunden, die sozialen haben kann und teilweise leider auch schon gehabt hat.

Sobann meint Becker*), daß der wirtschaftliche Wert einer Gesamtheit mit ihrem Nachwuchs, in welcher Produktion und Konsumtion sich stets decken, für die übrige Gesellschaft gleich Null zu setzen sei, und es stelle sich demnach die Frage so: **) „Würde die Reichsbevölkerung einen entsprechenden Überschuß der Produktion über die Konsumtion verlieren, wenn sich ein Bevölkerungsteil von ihr loslöste, der zwar ähnliche Geschlechts- und Altersverhältnisse wie sie selbst aufweist, aber in gewerblicher und sozialer Beziehung sich wie die Auswanderer, also im wesentlichen aus kleinen Landwirten und Handwerkern, aus Arbeitern und Gehilfen in Landwirtschaft und Gewerbe und aus Dienstboten, alle ohne erhebliches Vermögen zusammensetzt? Ich glaube nicht, denn in der Gesamtbevölkerung unterstützen Grund und Boden und Kapital die Arbeit ganz erheblich und machen sie, wenn auch nicht für den Arbeiter selbst, so doch für die Gesamtheit ertragreicher. Grund und Boden ist aber für jenen Bevölkerungsteil, den ich als Auswanderungsbevölkerung bezeichnen will, gar nicht in Rechnung zu ziehen, weil die Auswanderer davon nichts mitnehmen und von Kapital nur einen sehr bescheidenen Teil. Von beiden fällt nach der Loslösung auf die übrige Bevölkerung ein größerer Kopfanteil und unterstützt nun um so wirksamer ihre Arbeit." Es soll der „wirtschaftliche Wert einer Gesamtheit mit ihrem Nachwuchse, in welcher Produktion

---

*] Ebenda S. 771, cfr. auch S. 770. **] Ebenda S. 779.

und Konsumtion sich stets decken, für die übrige Gesellschaft gleich Null zu setzen sein", das heißt aber nichts anderes, als die Volkswirtschaft als eine Privatwirtschaft eines großen Produzenten auffassen. Jenes dürfte vielleicht gerade im Gegenteil der Idealzustand sein. Wenn wir sagen, Konsumtion und Produktion decken sich, so heißt das nichts anderes, als die betreffende Familie macht keine baren Ersparnisse, aber Ersparnisse macht sie doch, denn sie führt erstens sowohl ein besseres Leben (es ist also anzunehmen, daß sie hinsichtlich ihrer Arbeit leistungsfähiger ist) und sie legt ferner einen Teil ihrer Produktionserträge in besserem Handwerkzeug (Kapitalien) an und verwendet auch wohl einen anderen Teil zum Ankauf von Schmuck und Wertsachen und sorgt für besseren Unterricht ihrer Kinder. Ohne Aufenthalt hat sich die Lebenshaltung der arbeitenden Klassen bei uns gebessert, und damit sind auch neue personale und reale Kapitalien in unsere Volkswirtschaft eingetreten, die sich allerdings leicht unserer Beobachtung entziehen können.

Erst dann höchstens könnte man sagen von diesem Standpunkte aus, es seien jene Bevölkerungselemente gleich Null, wenn sich nachweisen ließe, daß die Lebenshaltung der Betreffenden gesunken sei, oder auf derselben Höhe sich erhalten habe, d. h. daß thatsächlich ebensoviel oder weniger produziert als konsumiert werde. Betreffs dieser auswandernden Bevölkerungsklassen komme „höchstens der Vorteil aus dem Tauschverkehr" in Betracht, als ob das etwas ganz unbedeutendes wäre. Die Arbeiterbevölkerung eines Landes ist ganz entschieden der beste Konsument einheimischer Waren und zwar ist sie ein unbedingter Konsument. Es ist ja hinlänglich klar gelegt, daß stets der einheimische Markt ganz unverhältnismäßig mehr konsumiert als das beste auswärtige Absatzgebiet. Ausgewandert werden jene 100 000 Deutsche jährlich fast ebenso unbedingte Konsumenten fremder Waren, als sie jetzt der einheimischen sind. Wenn diese Klassen also thätsächlich nicht selbst sparten, so würden sie hier eine Ersparung in der Volkswirtschaft von Seiten anderer in ganz bedeutendem Maße ermöglichen.

Wie steht es aber ferner z. B. mit der Dienstleistung dieser Klassen als Soldaten. Die ärmeren Klassen zehren während der Zeit dieser Dienstleistung nicht selten vorher gemachte Ersparnisse auf, für ihre Einzelwirtschaft produzieren sie aber während dieser Zeit gar nichts, trotzdem verrichten sie doch eine produktive Arbeit, wenn man anders annimmt, daß das Heer seine Aufgabe zu erfüllen im stande sei und demnach produktiv arbeite. Wie kann also ihr wirtschaftlicher Wert für die übrige Gesellschaft gleich Null zu setzen sein?

Becker meint sodann, „in der Gesamtbevölkerung unterstützen Grund, Boden und Kapital die Arbeit ganz erheblich und machen sie, wenn auch nicht für den Arbeiter selbst, so doch für die Gesamtheit ertragreicher. Grund und Boden ist aber für jenen Bevölkerungsteil, den ich als Auswanderungsbevölkerung bezeichnen will, gar nicht in Rechnung zu ziehen, weil die Auswanderer davon nichts mitnehmen, und vom Kapital nur einen sehr bescheidenen Teil." Schon Roscher*) sagt aber: „Die auswandernden Teile der Nation möchten sich hierbei sehr gut befinden, die zurückbleibende Hauptmasse dagegen würde an Kapitalien und arbeitskräftigen Menschen ärmer, an Bedürftigen verhältnismäßig reicher werden, der trostlose Gegensatz kolossalen Reichtums und bettelhafter Not könnte dadurch nur noch zunehmen, weil nach Ackerbaukolonien fast ausschließlich der kleine Mittelstand emigriert. Die Überreichen wollen in der Regel nicht, die Proletarier können nicht." Grund und Boden gehen freilich nicht mit, aber ein Produkt entsteht durch Kapital, Grund und Boden und Arbeit. Aber gerade da, wo die menschliche Arbeitsleistung ganz besonders in Betracht kommt, in der Landwirtschaft und hier vor allem der der nördlichen und östlichen Auswanderergegenden, fehlt es thatsächlich sehr oft an Arbeitern.

Auch Herzog**) sagt: „Der Abgang macht sich fühlbar in dem Mangel an Händen, verbunden mit einer merkbaren Steigerung der Arbeitslöhne insbesondere in den Landstrichen, wo die Landwirtschaft der Haupterwerb ist, und führt hier namentlich in den Zeiten der Ernte zu Mißständen, die sehr drückend sind, so lange es nicht gelingt, die fehlenden Menschenhände durch Maschinen zu ersetzen." Wenn aber die Menschenhände fehlen, so wird durch die Auswanderung der Volkswirtschaft vielfach die Möglichkeit genommen werden müssen, zur rechten Zeit produktive Arbeiten zu verrichten, dieselben müssen aufgeschoben werden. Ausgeführt, würden sie einen Überschuß der Produktion über die Konsumtion wenigstens wohl für den Unternehmer ergeben. Fällt dieser jetzt weg, so verringert thatsächlich die Auswanderung in dieser Hinsicht der Volkswirtschaft den Überschuß der Produktion über die Konsumtion.

Mit dem Kapital steht es aber so, daß thatsächlich ein großer Teil, wie wir oben gesehen haben, mit auswandert. Ob die betreffenden Ersparnisse nun extra nur zu diesem Zwecke gemacht sind oder nicht, ist ja dabei gleichgültig. Falls sie nämlich nicht zu

---

*) Roscher-Jannasch: Kolonien, Kolonialpolitik und Auswanderung. Leipzig 1885. S. 339.
**) Herzog in Schmollers Jahrbuch für Gesetzgebung, Verwaltung und Volkswirtschaft. XI. Jahrgang. Leipzig 1885. Seite 68 und 69.

diesem Zweck von dem Betreffenden gemacht worden wären, würden sie doch als Kapitalien, wenn auch nicht in derselben Höhe und in anderem Besitz, vorhanden sein. Wenn Becker sagt*): „Von beiden (nämlich Grund und Boden und Kapital) fällt nach der Loslösung auf die übrige Bevölkerung ein größerer Kopfanteil und unterstützt nun um so wirksamer ihre Arbeit," so ist das nur ideal möglich, real könnte das allerhöchstens auf die Bezirke mit schon weiterzersplittertem Grundbesitz in Betracht kommen, wo vielleicht dieser Anteil wirklich in entsprechenden Besitz übergeht. Da aber der betreffende Erwerber dieser Grundstücke einen über den Ertragswert hinaus gehenden Preis bezahlt und nun vielleicht für den größeren Besitz nicht hinlängliches Betriebskapital übrig behält, so kann auch hier von einer besseren Unterstützung der Arbeit kaum die Rede sein. Der Landwirtschaft sind eben eigene Kapitalien entzogen worden, die durch Schuldenkontrahieren vielleicht erst wieder herbeigezogen werden müssen. Bei den Bezirken mit Großgrundbesitz ist aber erfahrungsmäßig ebenfalls oft das Gegenteil der Fall, daß nämlich der Großgrundbesitzer, nicht selten inständig gebeten, auch diese Parzellen noch aufkauft. Der landwirtschaftliche Großbetrieb erzielt jedoch in Deutschland einen relativ kleineren Überschuß der Produktion über die Konsumtion als der Kleinbetrieb. Wie soll aber vom Kapital nach der Ablösung auf die übrige Bevölkerung ein größerer Kopfanteil fallen, da es ja mit auswandert, ob als Produktionsmittel oder in Gestalt von Bargeld ist ja belanglos? Übervölkerung giebt auch Becker nicht zu und meint, daß hinlängliche Arbeitsgelegenheit im Lande vorhanden sei, wenn auch nicht gerade in demselben Orte. Es würde demnach auch ohne die Auswanderung ein Brachliegen von Arbeitskräften nicht stattgefunden haben, d. h. es würde auch von den Arbeitern nicht mehr konsumiert als produziert worden sein.

Becker**) sagt ferner: „Selbstverständlich ist der Wert eines Durchschnittsmenschen für den Staat identisch mit dem Verluste, welchen er beim Ausscheiden desselben aus der Staatsbevölkerung, sei es durch Auswanderung oder Tod, erleidet. Unser Verlust besteht nun nicht in dem, was der Mensch bisher an Unterhalt und Erziehung gekostet hat oder was er geleistet hat, sondern im Überschuß seiner künftigen Leistungen über seinen künftigen Bedarf, geradeso, wie man den Gebrauchs- oder Nutzungswert eines Gegenstandes nicht darnach bemißt, was seine Hervorbringung und Her-

---

*) Becker in Schmollers Jahrbuch 2c. S. 780.
**) Ebenda, S. 769.

stellung gekostet oder was er bisher genutzt hat, sondern nach dem Nutzen, den man sich von ihm verspricht."

Was nun zunächst die Erziehungskosten betrifft, so ist auch Herzog*) der Ansicht, daß, wenn es auch anginge, den Aufwand zu berechnen, den die Erziehung eines Menschen koste, doch diese Summe nicht gleich dem Wert eines Menschen sei, erst recht nicht, weil eine größere Anzahl von sittlich unsicherem oder von unstätem Wesen sich darunter befände. Und Becker meint ferner in Übereinstimmung mit Rümelin**): „Dagegen sei jene neuerlich übliche und beliebte Aufstellung, wonach jeder Mensch den Geldwert seiner Erziehungskosten, soweit er sie der Gesellschaft nicht durch seine Arbeit heimgezahlt habe, repräsentiert, wohl zu den Schein= und Halbwahrheiten zu rechnen. Aber auch insofern gehe jene Theorie von falschen Prämissen aus, als die Erziehungskosten der aufwachsenden Generation nicht aus dem Volksvermögen, sondern aus dem Volkseinkommen bestritten würden, und es sei eine willkürliche Annahme, daß sie im andern Falle erspart worden und dem Vermögen zugewachsen wären. Man habe eben mehr arbeiten müssen und weniger genießen können. Das liege aber rückwärts und bleibe sich gleich, was auch aus den Erzogenen werden möchte."

Es ist selbstverständlich, daß nicht jeder Mensch die auf ihn verwandten Erziehungskosten repräsentieren kann, es ist auch nicht angängig, wie von verschiedenen Seiten geschehen ist, bei einer Abschätzung des Verlustes durch die Auswanderung lediglich die Erziehungskosten dem mit ausgeführten Kapitale hinzurechnen zu wollen, jedoch ist es meiner Ansicht nach ein wahrscheinlicheres Ergebnis, welches man erhält, indem man die Erziehungskosten resp. ihre Verzinsung und Amortisation in Anschlag bringt, als es auf jede andere Weise möglich ist, vorausgesetzt nämlich, daß man einen Verlust so faßt, wie es Becker thut.

Es wird natürlich zunächst ein Mensch das aufgewandte Kapital zu einer Zeit gut, zu einer anderen schlecht verzinsen, je nachdem auch die Zustände der ganzen Volkswirtschaft sind. Im allgemeinen glaube ich aber, daß unsere Auswanderer gerade das angelegte Kapital sehr gut verzinsen, da es eben Leute voll Energie und Strebsamkeit sind, daß sie es im allgemeinen sogar besser verzinsen als jene, die nicht an Auswanderung denken. Mag immerhin eine größere Anzahl von „sittlich unsicherem oder unstätem Wesen" darunter sein, diese werden reichlich aufgewogen durch die mit mehr

---

*) Herzog in Schmollers Jahrbuch IX. Jahrgang. S. 70.
**) cf. Becker, S. 766. cf. Rümelin in Schönbergs Handbuch der Politischen Ökonomie, Tübingen 1890. Band I. Artikel Bevölkerungslehre, S. 758.

als durchschnittlicher Strebsamkeit, Energie und geistiger Veranlagung Begabten und mit körperlicher Tüchtigkeit Ausgerüsteten. Wenn man annnimmt, daß Deutschland nicht an Übervölkerung leidet, so wird man auch annehmen können, daß im Durchschnitt jeder seine Erziehungskosten verzinst, und von den Auswanderern würde das, wenn sie im Lande blieben, erst recht zu erwarten sein. Es würde also, wenn man den Verlust nach Art Beckers festsetzen will, sehr wohl in den Erziehungskosten ein gewisser Prüfstein des Verlustes enthalten sein.

Aber auch insofern scheint mir die Berechnung der Erziehungskosten bei der Wertabschätzung, wenn man eben wiederum wie Becker den Verlust faßt, nicht unthunlich, weil die Erziehungskosten der aufwachsenden Generation nicht aus dem Volksvermögen, sondern aus dem Volkseinkommen bestritten würden. Es scheint mir durchaus keine „willkürliche" Annahme, daß sie im anderen Falle erspart worden und dem Vermögen (wenn auch nicht im ganzen Umfange und nicht dem der betreffenden Einzelwirtschaft allein, sondern auch dem einer anderen und damit doch immerhin der Volkswirtschaft) zugewachsen wären. Zunächst ist wohl nicht anzunehmen, daß die Arbeitsleistung z. B. eines Fabrikarbeiters A mit 7 Kindern eine so bedeutend höhere sei als die eines solchen B mit nur zwei Kindern. Es möchte allerdings von mancher kinderreichen Familie weniger gearbeitet und mehr genossen werden, wenn sie nur 2 Kinder zu erziehen gehabt hätte. Zahlreiche Familien werden aber auch mit zwei Kindern dieselbe Arbeit leisten und auch nicht mehr genießen als jene, demnach wohl Ersparnisse machen. Aber selbst wenn dies nicht der Fall wäre, so wird, wenn eine solche Familie ihr ganzes Einkommen aufzehrt, falls man eben nicht gerade annehmen will, daß sie es vergeudet d. h. unproduktiv verwendet, erstens eine bessere Lebenshaltung der Familie ermöglicht, die Arbeitskraft wird leistungsfähiger und länger erhalten und gehoben, zweitens wird aber das Einkommen auch in sofern dem Vermögen zuwachsen müssen, als für das Einkommen bessere und zahlreichere Geräte aller Art in ihren Besitz kommen (bei einem Handwerker würde besonders das Handwerkszeug besser und vollkommener angeschafft werden). Eine Familie mit 7 Kindern wird auf alles dies verzichten müssen, ihr Einkommen kann nicht dem Vermögen in dieser Weise zuwachsen, sondern wird einzig und allein eine Anlage in den Kindern finden. Es wird in Zeiten der Not wohl manches Stück Hausrat sogar dem Vermögen entzogen werden müssen. Es wird demnach also mehr oder weniger der Aufwand für die Erziehung dem Volksvermögen entzogen, resp. er wächst demselben nicht zu. Wollte man aber schließlich noch einwenden, beide Male blieben die Kosten der Erziehung doch im Lande, so ist eben nochmals darauf hinzuweisen, daß sie bei einer kinderarmen Familie eben sich in Vermögen umsetzen, bei einer kinderreichen aber in den Kindern verkörpert werden.

Wenn nun ein Angehöriger der kinderreichen Familie auswandert, so nimmt er allerdings die Erziehungskosten in seiner Person (wenn man eben wiederum die Verluste wie Becker auffaßt), soweit er sie noch nicht zurückgezahlt hat, mit sich, wenn aber ein Angehöriger der kinderarmen Familie auswandert, so ist natürlich dasselbe der Fall, aber wahrscheinlich nimmt derselbe auch noch mehr Vermögensobjekte mit sich als jener.

Um den Verlust zu finden, schlägt Becker*) folgendes Verfahren ein: „Der Kapitalwert einer solchen in ihren Geschlechts- und Altersverhältnissen der Bevölkerung entsprechenden Gesamtheit von Personen, welcher sich berechnet, wenn man sie auf den Aussterbeetat setzt, repräsentiert dann nämlich den gegenwärtigen Wert der Kosten, die für die Aufzucht ihres Nachwuchses aufzuwenden sind. Wenn man diese Kosten zugleich als diejenigen gelten läßt, welche eine gleich große Gesamtheit von Auswanderern auf die Aufzucht ihres Nachwuchses zu verwenden hat und sie von dem gegenwärtigen Kapitalwert dieser letzteren Gesamtheit, dieselbe als auf dem Aussterbeetat stehend gedacht, subtrahiert, so erhält man in der Differenz den gegenwärtigen Wert der Auswanderer-Gesamtheit bei Berücksichtigung ihres Nachwuchses. Der Verlust rührt also fast allein von den besonderen Geschlechts- und Altersverhältnissen der Auswanderer her." Denn dadurch, daß relativ mehr im arbeitskräftigen Alter auswandern, als zurückbleiben, also gerade diejenigen, welche mehr produzieren als konsumieren, entsteht ein Verlust in dem Überschuß der gesamten Produktion über die Konsumtion. Er berechnet aber damit nur einen Verlust, den der Staat haben kann, aber nicht haben muß.

Wenn er nämlich**) sagt: „Selbstverständlich ist der Wert eines Durchschnittsmenschen für den Staat identisch mit dem Verluste, welchen er beim Ausscheiden desselben aus der Staatsbevölkerung, sei es durch Auswanderung oder Tod erleidet. Unser Verlust besteht nun nicht in dem, was der Mensch bisher an Unterhalt und Erziehung gekostet hat oder was er geleistet hat, sondern im Überschuß seiner künftigen Leistungen über seinen künftigen Bedarf, gerade so, wie man den Gebrauchs- oder Nutzungswert eines Gegen-

---

*] S. 771. **] S. 769.

standes nicht nach dem bemißt, was seine Hervorbringung und Herstellung gekostet hat, oder was er bisher genutzt hat, sondern in dem Nutzen, den man sich von ihm verspricht," so könnte seine Berechnung doch höchstens für einen durch Tod Abgehenden richtig sein, nicht aber für einen, der auswandert. Wenn nämlich der Wert gleich der Nutzleistung ist, die man sich von einer Sache verspricht, so kann diese Nutzleistung für die Volkswirtschaft, die ein Ausgewanderter derselben leistet, event. viel größer sein als die, die von ihm zu erwarten war, wenn er im Lande geblieben wäre.

Diese zu erwartende Nutzleistung wird aber eine höchst verschiedene sein. So würde z. B. ein Engländer, der nach Australien auswanderte, von hoher Nutzleistung für die heimische Volkswirtschaft, ein anderer, der nach dem Innern Rußlands auswanderte und sich vollständig russifizierte, von gar keiner sein können, vielleicht würde er die heimische Volkswirtschaft sogar schädigen. Es würden also zwei Engländer, auf dieselbe Weise erzogen, gleich ausgerüstet, von ganz verschiedener Nutzwirkung sein. Wenn man sagen wollte, jener Engländer sei eben nicht emigriert, sondern transmigriert, so denken wir uns einen deutschen Auswanderer, der nach Nordamerika auswandert, sich yankeesiert und alles, was deutsch ist, aus tiefster Seele verachtet, und einen andern, der nach Südbrasilien auswandert, dort aber in jeder Weise für deutsches Wesen und Erhaltung der Verbindung mit dem Mutterlande thätig ist.

Es ist also auf keinen Fall angängig, wie Becker will, den Verlust darin zu suchen, welche Nutzleistung von dem deutschen Auswanderer zu erwarten sei, wenn er in der Heimat geblieben wäre, sondern es müßte zunächst berechnet werden, welche Nutzleistung ist nunmehr noch zu erwarten von ihm, wenn er ausgewandert ist. Dazu müßte zuerst festgestellt werden, wie viel Nutzen resp. Schaden von einem nach Nordamerika, Brasilien, Australien ꝛc. Auswandernden durchschnittlich zu erwarten ist. Diesen Durchschnitt müßte man mit der Zahl der Dahingehenden multiplizieren und dieses gewonnene Ergebnis mit der Berechnung der von ihm zu erwartenden Nutzleistung, wenn er in der Heimat geblieben wäre, vergleichen; die Differenz würde den Verlust ergeben. Wollte man aber nun wirklich eine derartige Berechnung anstellen, so würden doch zahlreiche Incommensurabilia nicht in Betracht gezogen werden können, insonderheit muß eine deutsche Auswanderung für die deutsche Volkswirtschaft einen „Affektionswert" besitzen.

Eine Abschätzung der Verluste erscheint uns aber überhaupt auf diesem Wege nicht ein richtiges Ergebnis haben zu können und zwar aus folgenden Erwägungen. Wie die Einzelwirtschaft, so kann die Volkswirtschaft nur einen Gewinn erzielen durch Arbeit. Der Einzelwirt, ein Bauer, kann nicht sagen, mein Acker ist wertlos, wenn er ihn nicht bearbeitet hat und nur das ernten will, was wild gewachsen ist; eine Steuerveranlagung berechnet den Ertrag nach dem, was der Acker einbringen würde, wenn er bearbeitet worden wäre. Wenn Eisen und Kohlen die Grundlage aller Industrie sind, so hat Eisen bei entwickelten Verkehrsverhältnissen nicht deshalb gar keinen Wert in einer Gegend, wo die Kohle zur Bearbeitung fehlt, sondern es hat denselben Wert, wie alles andere Eisen, ein Gewinn läßt sich aber nur erzielen, wenn man die Kohle zur Bearbeitung herbeischafft oder das Eisen nach jenen Gegenden transportiert, wo es verarbeitet werden kann. Der indirekte Verlust ist es hier, der in die Wagschale fällt.

Setzen wir nun voraus, daß wir die Möglichkeit haben, die Auswanderung entweder im Inlande zu verwerten, oder die Kraft und damit auch die Möglichkeit, sie im Auslande durch Kolonisation zum Nutzen der heimischen Volkswirtschaft zu verwenden, so werden wir fragen müssen: Was verlieren wir durch die Auswanderung, indem wir sie uns nicht nutzbar machen, obwohl uns dazu die Möglichkeit gegeben ist? Bei einer derartigen Abschätzung in Zahlen würden aber ebenfalls zahlreiche Wirkungen der Auswanderung als incommensurabel außer Anschlag bleiben müssen, die doch die Wertschätzung der Auswanderung und der entstehenden Verluste ganz ungeheuer beeinflussen müßten.

Wenn nun schon die Schätzung des Landeswertes eines Menschen zu höchst zweifelhaften Ergebnissen führen wird, so würde eine derartige Berechnung des Wertes der Auswanderung und der durch sie entstehenden Verluste trotz aller Sorgfalt vielleicht gerade das gegenteilige Resultat der realen Verhältnisse ergeben. Sie muß deshalb als unmöglich oder völlig wertlos angesehen werden, und wir werden darauf verzichten müssen, je einigermaßen sichere Zahlen zu erhalten, so angenehm und interessant dies auch sein müßte.

III.
Die Einwirkungen der Auswanderung.

Wenn wir nun also darauf verzichten müssen, unsere Verluste in Zahlen klar und deutlich zum Ausdruck bringen zu können, so erübrigt es doch noch, den Einwirkungen und vermeintlichen Einwirkungen der Auswanderung auf unsere Bevölkerungsverhältnisse und unsere Volkswirtschaft kurz nachzugehen.

Hinsichtlich des Bevölkerungsstandes wird häufig die Auswanderung angesehen, als ob sie geeignet wäre, gegen Übervölkerung zu schützen. Dem scheint auch Recht zu geben, wenn z. B. Herzog *) sagt: „Die Auswanderung hat zeitweilig eine Höhe erreicht, daß sie auf 1000 der mittleren Bevölkerung berechnet, den in derselben Art berechneten Überschuß der Geburten über die Todesfälle, also die gleichzeitige natürliche Vermehrung übersteigt, so in Pommern im Jahre 1881 (16,18 : 13,87) und 1882 (15,11 : 13,82), in Schleswig-Holstein 1881 (10,76 : 16,62), in Westpreußen 1881 (16,84 : 15,14), in Mecklenburg-Schwerin 1882 (10,62 : 9,97)."

Aber es ist dabei zu bedenken, daß eine solche Wirkung nur bei ganz abnorm gesteigerter Höhe der Auswanderung, oder bei plötzlich und vorübergehend auftretender Auswanderung ein zu erwartender Fall ist, und eben bei uns doch nur sehr selten und für einen verhältnismäßig kleinen Bezirk eine Abnahme der Bevölkerung, die sich übrigens sehr schnell wieder ausglich, eintrat. Eine regelmäßige, wenn auch bedeutende, so doch nicht geradezu abnorm hohe Auswanderung wie die unsere wird eine ganz andere Wirkung hervorbringen. Sie wird nämlich die Bevölkerungszunahme intensiver gestalten. So ist auch der Franzose Gaffarel **) für eine Begünstigung der französischen Auswanderung eingetreten, geleitet von der Überzeugung, auf diese Weise am ersten die Bevölkerungszunahme seines Vaterlandes wieder steigern und der drohenden Entvölkerung entgegenwirken zu können. Wenn nun schon die Auswanderung die Bevölkerungszunahme im allgemeinen intensiver gestaltet, so stehen uns trotzdem nicht mehr Arbeitskräfte zur Verfügung. Unter den Auswanderern nach Nordamerika befanden sich z. B. im Jahre 1880 unter 15 Jahren nur 11,39 Proz., dagegen standen im Alter von 15—40 Jahre 61,97 Proz. Es wird demnach der Prozentsatz der Kinder, d. h. der unproduktiven Bevölkerungsteile unverhältnismäßig rasch wachsen, die produktiven Altersklassen aber verhältnismäßig geringer sein. In diesem Umstande findet Becker z. B. im wesentlichen allein einen Verlust, da hier deutlich ein Zurückstehen der Produktion gegenüber der Konsumtion zu Tage trete.

Gegenstandslos ist es auch, wenn man behauptet, daß durch unsere überseeische Auswanderung die Einwanderung nach den Städten geringer werde, dadurch eine Pression auf die dortigen Arbeitslöhne vermieden, und eine stärkere Ansammlung von Prole-

---
*) In Schmollers Jahrbuch ic. Jahrgang IX. S. 63.
**) Paul Gaffarel: Les colonies françaises. Paris 1880.

tariermassen verhindert werde. Dies kann erstens nicht der Fall sein, weil nach den Industriebezirken ein starker Zufluß ausländischer industrieller Arbeiter (z. B. italienischer und polnischer Berg- und Eisenbahnarbeiter) stattfindet, und zweitens nicht, weil diese Zugewanderten billiger arbeiten, da sie an eine niedere Lebenshaltung gewöhnt sind. Es wird demnach gerade vielfach durch dieselben eine Erniedrigung des Arbeitslohnes herbeigeführt werden müssen. Von Überfluß aber gar an industriellen Arbeitern kann gegenüber dieser Zuwanderung trotz aller Klagen über Arbeitslosigkeit oder gerade vielleicht deshalb nicht die Rede sein. Die Proletariermassen werden demnach trotz unserer Auswanderung in gleicher Weise wachsen, wie ohne eine solche. Sicher wird durch die Auswanderung der Zuzug von dem Lande nach der Stadt bis zu einem gewissen Grade verringert, nicht aber der ausländischer Arbeiter. Da aber die Industrie in den einheimischen Arbeitern ein besseres Material an Arbeitskräften gewinnen würde, als in denen fremder Nationalität, so erwachsen auch ihr, abgesehen von dem Nachteil, den die ganze Volkswirtschaft durch die Einstellung fremdnationaler Kräfte an Stelle der heimischen hat, offenbar noch weitere Nachteile.

Ebenso steht es auch in Bezug auf die Verhältnisse des platten Landes. Daß gerade in jenen Auswandererprovinzen nicht mehr hinlänglicher Ellbogenraum vorhanden sei, wird kaum jemand behaupten wollen, wohl aber ist es anerkannt, daß ein Mangel an Arbeitskräften vorhanden ist. Es kann jedoch trotzdem ein Steigen der Arbeitslöhne, die gerade für jene Gegenden wünschenswert wäre, nicht eintreten, weil eine fremdnationale Zuwanderung stattfindet, die auf die Löhne der ansässigen Arbeiter drückt. Hierdurch aber wird immer von neuen für viele ein Motiv zur Auswanderung gegeben. Die bei uns Einwandernden sind aber Truppen, die wenigstens im Osten sehr geeignet sind, uns aus unserem nationalen Besitzstand zu vertreiben. Sie treten uns also in vielen Fällen direkt feindlich gegenüber.

Auch jener Ansicht, als ob die „gefährlichen" Köpfe durch die Auswanderung hinweggeführt würden, ist irrig. Die gefährlichsten Köpfe sind die Gebildeten, die hier keinen angemessenen Wirkungskreis finden; wir haben aber gesehen, wie gering gerade diese Gesellschaftsklassen an der Auswanderung jetzt beteiligt sind. Wenn früher ein großer Teil der Gebildeten in Österreich und besonders Rußland, und nach 1848 auch noch in Nordamerika, ein Feld seiner Thätigkeit suchte, so ist dies jetzt nicht mehr der Fall. Und was jene Klasse der unruhigen industriellen Arbeiterschaft anbetrifft und ihre Führer, so haben sie bis jetzt die allergeringste Neigung gezeigt, auszuwandern, wohl wissend oder fühlend, daß in jenen Auswandererländern eine Verwirklichung ihrer Ideale noch viel schwerer sein dürfte, als bei uns. Dagegen haben wir schon ausgesprochen, daß wir die Auswandernden mit zu den Tüchtigsten der betreffenden Volksklassen rechnen. Mögen immerhin Tausende sich über die volle Bedeutung ihres Beginnens nicht klar werden oder sich gewaltigen Täuschungen hingeben, immerhin werden die meisten, wenn auch nicht eine klare Vorstellung der ihr harrenden Mühen, so doch das Gefühl von Kraft, Energie und Selbstvertrauen besitzen. Gefühle, die um so weniger auf Selbsttäuschung beruhen können, da sich wohl alle Auswandernden bewußt sind, daß sie von fremder Hülfe nur wenig oder nichts zu erwarten haben. Wenn aber die strebsamsten Elemente, die noch dazu sehr oft nicht ohne jedes Vermögen sind, und aus denen daher am leichtesten der Mittelstand sich neu verstärken würde und könnte, emigrieren, so verschlechtert die Auswanderung nicht nur die Art der Zusammensetzung einzelner Volksklassen, sondern die des ganzen Volkes.

Herzog*) sagt: „Im großen weiterhin hat er (sc. Abgang von Auswanderern) eine Minderung der nationalen Wehrkraft zur Folge, sowohl in der Richtung, daß er die Auswahl unter den Tauglichen beschränkt, als daß er die Reserven für den Fall der Not geringer macht, und nicht minder eine Einbuße an Steuerkraft, deren Ausfall eine dem Abgange entsprechende Minderung der staatlichen und anderer öffentlicher Ausgaben nicht gegenüber steht." Herzog glaubt allerdings trotzdem, daß Deutschland im Verhältnis keine übermäßige und daher beängstigende Auswanderung habe.

Auch der Meinung ist entgegen zu treten, als ob unser Handel und unser Absatzgebiet durch unsere Auswanderung bedeutend vergrößert würden. Zwar ist der Handel mit Nordamerika im Steigen begriffen und hat den Frankreichs überflügelt, aber es dürfte dies doch wohl zum bei weitem kleineren Teil auf Rechnung der Auswanderung zu setzen sein; es ist nur eine Erscheinung, wie sie sich auf vielen andern Handelsgebieten bemerkbar macht; unsere Einwanderung wird ja gerade in Nordamerika rapid schnell entnationalisiert und läßt sich willig die Erzeugnisse anderer Industrien und anderen Geschmackes gefallen.

Wird dies erklärlich, wenn man bedenkt, daß die Auswanderer doch meist kleine Leute sind, die bei ihrem wenig gestärkten Nationalitätsgefühl und vollständig sich selbst überlassen, sich schnell der

---

*) In Schmoller's Jahrbuch ꝛc. Jahrgang IX. S. 69.

verwandten angelsächsischen Rasse, die sich in der Herrschaft befindet, und der sie ohne Führer gegenüber treten, assimilieren, so kann es doch auch keinem Zweifel unterliegen, daß Leute, die ihren deutschen Namen anglifieren, die alles vermeiden, was sie in Verdacht bringen könnte, deutscher Abstammung zu sein, nicht gerade deutsche Waren, die ja diesen Verdacht bestärken könnten, sonderlich bevorzugen werden. Wir wollen jedoch nicht verkennen, daß dieser Entnationalisierungs-Prozeß seit 1870 begonnen hat, sich zu verlangsamen.

Im Gegensatz zu Nordamerika haben in Brasilien unsere Auswanderer die deutsche Nationalität im allgemeinen besser bewahrt, hier, wenigstens im Süden, ziemlich geschlossen wohnend, hielten sie sich der romanischen Rasse, die so verschieden von ihnen in Charakter und Gewohnheiten war, überlegen und blieben so auch ein besserer Konsument deutscher Waren. Hier trat thatsächlich durch die Auswanderung eine Erweiterung des Absatzgebietes ein. Ein Zeichen dafür, wie nationale und nationalökonomische Behandlung unserer Frage sich decken. Wie ganz anders jedoch hätte unsere Auswanderung unser Absatzgebiet vergrößern müssen und wie wenig hat sie verhältnismäßig auch in Brasilien dazu beigetragen.

Wie übrigens auch dort die Entnationalisierung, wenn auch langsam, bei unseren heutigen Auswanderungszuständen vor sich geht, hat Breitenbach in der Kolonialzeitung sowohl durch seine Schilderung der „Havannakinder" als auch durch die dort gegebenen Proben der Verwelschung der Sprache scharf gekennzeichnet. In welcher Weise derartige Vorgänge uns in den Augen anderer, selbst inferiorer Nationen herabsetzen, ist wohl begreiflich. Nichts ist mehr geeignet, das Prestige unserer Nation und damit auch unseren Handel zu schädigen als diese rasche Entnationalisierung. Nichts z. B. imponiert fremden Völkern zumal auf niederer Kulturstufe mehr, als das Festhalten der Franzosen an ihrer Nationalität. Jenes Festhalten und „Phantasieren" des von Frankreich entfernten Franzosen von la belle France bildet meiner Ansicht nach nicht die geringste Veranlassung der universellen Anziehungskraft Frankreichs und der Stadt Paris.

Es ist aber sogar ein wenn auch langsam sich geltend machender Rückschritt unseres Exportes durch unsere Auswanderung wahrscheinlich, da die Emigrierenden zu unseren Konkurrenten werden, indem sie unsere eigensten Industriezweige in fremde Länder versetzen und dort heimisch machen, z. B. die Bierbrauerei in Nord- und Südamerika. Diese unsere Auswanderer sind, wenn auch entnationalisiert, doch immer noch am ersten befähigt, uns auf vielen Gebieten Konkurrenz zu machen, abgesehen davon, daß sie schon allein durch ihr Übergehen zu anderen Nationen uns schwächen und jene stärken.

Es ist natürlich selbstverständlich, daß für den einzelnen die Auswanderung nach einem Ziele, das ihm einen weiteren Spielraum für seine Thätigkeit gestattet, sehr vorteilhaft ausschlagen kann und wohl auch in den meisten Fällen ausschlagen wird, aber so wie die deutsche Auswanderung als ganze sich gestaltet, hat unser Volk und unsere Volkswirtschaft nur Nachteile von ihr.

Fassen wir unsere Ergebnisse kurz zusammen, so gehen erstens bedeutende Geld- und „Menschenkapitalien" uns für immer verloren; zweitens die energischesten, zur Arbeit am meisten befähigten und geneigten Personen, sowie diejenigen Klassen (ländliche Arbeiter und Kleinbesitzer), die wir sehr wohl im Inlande verwerten könnten und die uns teilweise unentbehrlich sind, wandern aus, während die „gefährlichen" Köpfe es vorziehen zu bleiben, und eine Auswanderung der Gebildeten, die hier keine Verwendung finden, sich nicht zeigt. Es wird durch die Auswanderung nicht nur die physische und intellektuelle Kraft des Volkes geschwächt, sondern auch seine sociale Zusammensetzung verschlechtert und die militärische Stärke ec. geschwächt. Drittens gehen die Emigrierenden fast ohne Äquivalent für uns verloren, dieselben gehen zu unseren wirtschaftlichen Konkurrenten über und stärken nicht unbedeutend ihre Kraft; während sie für Erweiterung unserer Absatzgebiete nur wenig von Bedeutung gewesen sind und noch sind, helfen sie aber gerade durch ihre Entnationalisierung, wenn auch nicht direkt bemerkbar, unser Handelsgebiet verringern, indem sie durch ihr schnelles Aufgeben ihrer bisherigen Nationalität unser Prestige in den Augen der anderen Völker schädigen.

IV.

Unser bisheriges Verhalten gegenüber unserer Auswanderung und die Stellung der Einwanderungsländer zu derselben.

Das Interesse an der Auswanderung berührt immer zwei Länder, das der Auswanderung selbst und das der Einwanderung. Je nachdem sich der Staat nun von diesen Erscheinungen einen Vorteil oder Nachteil verspricht, ist auch seine Stellung dazu eine verschiedene. Lange Zeit, bis zum Anfang des Jahrhunderts, bis zum Erscheinen der Schrift „Versuch über die Bedingungen und Folgen der Volksvermehrung" von Robert Malthus, 1806 (übers. v. Hegewisch, 1807) dachte man nicht an Übervölkerung, und eine möglichst starke Bevölkerung erschien als ein Haupthebel des wirtschaftlichen Gedeihens eines Landes. Wir sehen daher überall das Bestreben, die Auswanderung zurückzuhalten. Selbst diejenigen Staaten, die Siedelungskolonien besaßen, begünstigten nicht gerade die Auswanderung dahin. In Spanien war eine besondere königliche Erlaubnis dazu nötig, bei deren Nachsuchung man nachweisen mußte, daß die Vorfahren drei Generationen hindurch nicht von der Inquisition bestraft seien. Während hier also gewissermaßen die besten Elemente nur zur Auswanderung zugelassen werden sollten, war es in Frankreich, wo auch schon damals wenig Neigung das Vaterland zu verlassen, bestanden zu haben scheint, umgekehrt. Man suchte hier schlechtes Gesindel und Vagabunden durch oft zwangsweise Überführung los zu werden. In England wurden durch Bedrückungen mancherlei Art die Dissenters und Katholiken zur Auswanderung gereizt. In Deutschland begegnen wir, abgesehen davon, daß man hier und da Andersgläubige gerne ziehen sah resp. dieselben auch wohl gar aus dem Lande vertrieb, mannigfachen Vorboten der Auswanderung, ja selbst unter Androhung der Todesstrafe. Vielfach wurde ein sogenanntes Abzugsgeld (Freigeld, Nachsteuer) erhoben, erklärt teilweise als Entgelt für den bisher gewährten staatlichen Schutz oder als die Summe, die der Betreffende als seinen Anteil an den Staatsschulden zurückzahle oder auch als Entschädigung für die durch die Auswanderung der Besteuerung entzogenen Vermögen. Erst allmählich hat die Anerkennung des Rechtes der freien Auswanderung Platz gegriffen, nachdem sich Grundsätze, wie der englische, daß jemand, der einmal englischer Staatsbürger geworden, diese Staatsbürgerschaft nicht wieder aufgeben könne, durch den Unabhängigkeitskrieg Nordamerikas als unhaltbar erwiesen hatten, und sich die wirkliche Kontrolle der Auswanderung bei der rapiden Entwicklung aller Verkehrsverhältnisse immer schwieriger gestaltete. Von dem Gesichtspunkte aus, die Auswanderung möglichst im Lande zurückzuhalten, war man auch bei uns bis zur Begünstigung derselben aus Furcht vor Übervölkerung vorgeschritten.

Mit der freundlicheren Stellung der Regierungen und Privaten gegenüber der Auswanderung erwachte auch das Gefühl der Pflicht, für dieselbe in irgend einer Weise sorgen zu müssen. So sehen wir denn in den vierziger und fünfziger Jahren zahlreiche Versuche und Bestrebungen von Vereinen und Privaten, für die Auswanderung durch Auskunftserteilung, Kolonisation ꝛc. einzutreten, und auch die deutschen Regierungen ließen sich die Sache mehrfach angelegen sein. So stellte König Max II. von Bayern am 15. Februar 1856 den Antrag auf Organisation der Auswanderung beim Bundesrate, und auch Preußen drang mehrfach auf eine gemeinsame deutsche Regelung dieser Angelegenheit.

Zahlreich sind die Vereine und Zeitungen, Broschüren und Bücher jener Tage, die sich mit kolonisatorischen Projekten befassen. Nationale Ideen und Bestrebungen nach dieser Richtung hin finden in ihnen den wärmsten Ausdruck und gipfeln sehr oft in den Plänen zur Gründung eines Neudeutschland in Amerika, zur rein deutschen Kolonisation wenigstens eines Unionsstaates. Auch in Nordamerika hatten derartige Bestrebungen unter den dortigen Deutschen eine Zeit lang lebhaften Anklang gefunden, und sich zu gleichen Zwecken große Vereine gebildet. Aber weder war es möglich, im Bundesrat eine gemeinsame Regelung des Auswandererwesens zu erzielen und damit den Weg zu einer nationalen Kolonisation zu bahnen, noch auch waren die einzelnen Staaten, geschweige denn Vereine und Private stark genug, wirklich Ersprießliches und Bleibendes zu erreichen. So erlahmten denn jene Bestrebungen, die ihren Grund in dem neuerwachten nationalen Fühlen gehabt hatten, bei ihrer Aussichtslosigkeit unter den damaligen Zuständen und nach zahlreichen, vergeblichen Versuchen bald wieder.

Allgemein ist man, wie schon gesagt, jetzt dabei angelangt, das Recht der freien Auswanderung anzuerkennen. Manche Staaten, die selbst Kolonien besitzen, gewähren mancherlei Vergünstigungen, manche sehen mehr gleichgültig zu, sich darauf beschränkend, wenigstens eine Auswanderung der Militärpflichtigen zu verhindern und eine Ausnutzung und Plünderung der Auswanderer vorzubeugen. Manche suchen auch für die Ausgewanderten in ihrer neuen Heimat mehr oder weniger zu sorgen. Die Tendenz geht aber immer mehr dahin, Einfluß auf die Auswanderung und die Wahl ihres Zieles zu erlangen, da ja augenscheinlich ist, was der Volkswirtschaft für Verluste drohen und was andererseits dem heimischen Volkswohlstande und der ganzen Nation genützt werden kann. Leider ist in Deutschland diese Tendenz am allerwenigsten bemerkbar. Das deutsche Reich hat sich bis jetzt der Auswanderung in keiner Weise angenommen. Zwanzig Jahre sind seit der Gründung desselben vergangen. Die Möglichkeit erfolgreich für eine Regelung und Organisation der Auswanderung sorgen zu können, ist nunmehr längst gegeben. Es hat sich auch wie in den vierziger und fünfziger Jahren wieder eine Strömung im Volke gebildet, welche auf Verwertung der Auswanderung in Kolonieen bringt und sich wie damals in Vereinen zusammen gefunden hat. Eine lebhafte Thätigkeit ist auch in unserer Zeit von dieser Seite im Interesse der Auswanderung entwickelt worden. Sowohl ist eine Centralstelle für Auskunfterteilung errichtet worden als auch hat man praktische Kolonisation getrieben, wenn auch diese kolonisatorischen Versuche den Verhältnissen entsprechend in verhältnismäßig bescheidenen Grenzen sich halten mußten. Obgleich inzwischen auch das Reich in Besitz von überseeischen Kultivationsgebieten gelangt ist, und nach dieser Seite hin die aufgestellten Forderungen bis zu einem gewissen Grade für erfüllt gelten können, so ist doch für die überseeische Auswanderung und eigentliche Kolonisation nichts geschehen. Selbst die Gesetzesvorschläge Friedrich Kapp's vom Jahre 1878, die nicht einmal eine Organisation der Auswanderung ins Auge gefaßt hatten, sondern nur die Beförderung der Auswanderer und die Regelung des Gewerbebetriebes der Auswandererunternehmer und Agenten bezweckten, sind damals nicht zur Ausführung gekommen, und erst in letzter Zeit haben sich die Regierungen wieder mit unserer Frage befaßt. Aber das lang ersehnte deutsche Reichsauswanderungsgesetz, das endlich dem Reichstag vorgelegt werden soll, verläßt, soweit bis jetzt verlautet, den seither üblichen Standpunkt nicht, indem es sich ebenfalls auf eine Regelung des Agentenwesens und des Emigranten-Transportes beschränkt. Wir können daher in demselben durchaus keinen Fortschritt erblicken. Selbst die sehr bescheidenen Wünsche der deutschen Kolonialgesellschaft bezüglich wirksamerer Mittel zur Nationalerhaltung der Auswanderung wurden unberücksichtigt gelassen. Den neuen Gesetzentwurf charakterisiert hinlänglich folgende Stelle aus dem diesbezüglichen Schriftwechsel der Kolonial-Abteilung des auswärtigen Amtes mit der deutschen Kolonialgesellschaft, die wir dem Jahresberichte derselben entnehmen. Es heißt dort nämlich*): „Die Thätigkeit, die der Staat in Bezug auf Auswandererwesen entfalten kann, ist in dem Entwurfe nur soweit behandelt worden, als es sich um Maßregeln handelt, die Auswanderer innerhalb des Machtbereiches der deutschen Behörden vor Ausbeutung zu schützen. Die positive Thätigkeit der Belehrung des Auswanderers und die Fürsorge für sein materielles und geistiges Fortkommen im Auslande bleibt nach dem Entwurfe der privaten Initiative vorbehalten. Ihr kann der Staat zwar fördernd zur Seite treten, die Richtschnur für sein Verhalten in dieser Beziehung kann aber nicht gesetzlich gezogen werden, es wird vielmehr Aufgabe der Verwaltungs-

---

*) Jahresbericht der deutschen Kolonialgesellschaft 1892. Berlin 1894. S. 22.

praxis sein, sie zu finden." In Erwiderung dieses Schreibens wies der Vorstand der Gesellschaft, Fürst Hohenlohe, darauf hin, daß es nötig sei, die Fürsorge des Reiches für die deutschen Ansiedler auch auf die Einwanderungsländer auszudehnen, indem er hervorhob, daß England, Belgien, Italien und die Schweiz derartige Einrichtungen getroffen hätten. Er faßte die Wünsche der Gesellschaft zusammen in der Aufnahme folgender Bestimmungen*):

„1. Der Kolonialbehörde des Reiches wird eine besondere Abteilung beigegeben, welche Informationen über Ansiedelungsverhältnisse in den deutschen Schutzgebieten, sowie in fremden Einwanderungsländern sammelt. Die gesammelten Informationen werden zweckdienlicher Weise weiteren Kreisen bekannt gegeben.

2. Der Reichskanzler kann innerhalb der Grenzen des Budgets neben den Konsulaten besondere Agenturen in überseeischen Ländern zum Schutze von Auswanderern und Kolonisten errichten, sowie Spezialmissionen anordnen."

Diese Bestimmungen wurden nun aber nicht mehr in den Gesetzentwurf aufgenommen, deshalb petitionierte die Gesellschaft an den Reichstag, neben einer abändernden Bestimmung über Erteilung von Unternehmer-Concessionen den Passus des Entwurfes: „Im Auslande werden, sofern nicht besondere Kommissionen bestellt sind, die Obliegenheiten der Kommissare durch Konsuln des Reichs wahrgenommen," bestimmter dahin zu fassen, daß die Fürsorge für die Auswanderer sich auch auf die Einwanderungsländer zu erstrecken habe, daß vom Reichskanzler in überseeischen Ländern neben den Konsulaten besondere Agenturen zum Schutze der deutschen Auswanderer und Kolonisten errichtet und Spezialmissionen angeordnet werden könnten, sowie ferner, daß bei der Kolonial-Abteilung eine Abteilung für Auswanderungswesen gebildet werde, insbesondere zwecks Informationen.

Der Entwurf bezweckt fast nichts, als eine Regelung des Transports resp. des Agentenwesens, die verschiedenen Landesgesetze sollen beseitigt, und eine einheitliche Gesetzgebung an ihre Stelle treten. Was uns aber das Wichtigste erscheint, irgend welche Einwirkung auf Konzentration der Auswanderung, ist von dem Gesetzentwurf, wenn nicht seine ganze Gestalt bei den parlamentarischen Beratungen, was ja aber wohl kaum in dem Maße sich ereignen dürfte, sich verändern sollte, nicht zu erwarten.

Unserer Ansicht nach hätten die Vorschläge der Kolonialgesell-

---

*) Ebenda S. 27.

schaft, die nur das Allermindeste wohl schon im Vorgefühl, daß doch nicht mehr erreicht werden könne, forderten, noch lange nicht hingereicht, unsere Auswanderung zu konzentrieren und dauernd national zu erhalten, wenn gleich sie nach dieser Richtung günstig hätten wirken können und wenigstens bis zu einem gewissen, geringen Grade eine Konzentration hätten herbeiführen und die Entnationalisierung aufhalten können. Wenn der Gesetzentwurf nach dieser Richtung uns keinen Fortschritt bringt, ist es besser, die Frage bleibt bis zu einer günstigeren Zeit noch ungelöst. In diesem Falle treten die jammervollen Zustände klar hervor, und jedermann weiß, es ist dies eine Materie, die noch der reichsgesetzlichen Regelung harrt, während sich doch wohl so manche, besonders Mitarbeiter des Gesetzes, der Ansicht hingeben könnten, sie hätten diese Angelegenheit auf das glänzendste und beste gelöst, ein Irrtum, der sich ja wohl bald aufklären würde, aber doch die öffentliche Diskussion dieser Frage ungünstig beeinflussen resp. auf einige Zeit wieder zurückdrängen könnte.

Man sieht im allgemeinen bei uns die Auswanderung nicht gern, aber man läßt sie ziehen, ohne sich weiter um sie zu kümmern. Für die Erhaltung der Nationalität, die ja immer noch gerade von unseren Auswanderern so leicht aufgegeben wird, geschieht gar nichts. Es kommt für uns eigentlich nur Nordamerika als Auswandererziel in Betracht, wir beachten aber ihm gegenüber nicht den Vorteil und Nachteil, den wir von unserer dahin sich wendenden Auswanderung haben, sondern empfinden lediglich eine gewisse Genugthuung, daß auch unsere Nation bei dieser großen Völkermischung zu einer nationalen Neubildung in so hohem Grade mit gewirkt hat und mitwirkt, hoffend, daß später wenigstens die deutschen Charaktereigentümlichkeiten noch mehr ins Gewicht fallen werden.

Dies gilt im allgemeinen noch trotz der neueren Kolonialbewegung, die zwar durchaus nicht im Schwinden begriffen ist, sondern im Gegenteil im Wachsen. Es sind jedoch bis jetzt nur einzelne Personen oder verhältnismäßig kleine Kreise von ihr ergriffen.

Die koloniale Litteratur wächst zusehends und trotzdem will uns scheinen, als ob in Bezug auf unsere Auswanderung und eine eventuelle Kolonisation keineswegs schon die nötige Klarheit erreicht sei. Noch immer ist es durchaus nicht allgemein anerkannt, daß wir auf eine volle Fruktifizierung unserer Auswanderung nicht verzichten können.

Was nun die Haltung der Einwanderungsstaaten gegenüber dieser Erscheinung anbetrifft, so hatten unter ihnen frühe die Vereinigten Staaten von Amerika den Nutzen einer zahlreichen Einwanderung erkannt und suchten einer solchen daher die Wege zu ebnen. In neuerer Zeit haben auch die südamerikanischen Staaten sich mehr und mehr erschlossen und begonnen das Beispiel von Nordamerika nachzuahmen. Während aber in Nordamerika das Yankeetum alle anderen Elemente sich rasch zu assimilieren vermochte, in religiöser Beziehung dagegen sehr bald volle Freiheit walten ließ, zeigte in Südamerika der Romanismus dieselben Assimilierungsbestrebungen, freilich ohne die Kraft des Yankeetums, nur trat hier vielfach auf religiösem Gebiete das Streben für Aufrechterhaltung der Glaubenseinheit und unbedingten Herrschaft des Katholizismus auf. Aber immer mehr dringt auch hier die Idee religiöser Freiheit vor, und man ist bestrebt, der Einwanderung seine Fürsorge angedeihen zu lassen, wenn auch die Art und Weise dazu meist eine verfehlte zu nennen ist. Wenn also in Südamerika sich die Entwicklung so vollzieht, daß man von der Beschränkung zur Freiheit übergehen zu wollen scheint, so ist dies in Nordamerika umgekehrt der Fall, von der größtmöglichsten Einwanderungs- und Aufenthaltsfreiheit beginnt man zu Beschränkungen der Einwanderung überzugehen. War nun Nordamerika bis jetzt immerhin nicht gerade das Auswanderungsziel, das man sich wünschen konnte, so war es doch das, was man vom Standpunkt der thatsächlichen Verhältnisse aus am meisten wünschen mußte. Immer mehr aber sind neuerdings die nativistischen Bestrebungen gewachsen. Die Mac-Kinley-Bill und besonders die Chandler-Bill (das Einwanderungsverbot) sind Marksteine des neu eingeschlagenen Weges. Es ist dies ein Vorgehen Nordamerikas, das für alle europäischen Staaten von der eminentesten Wichtigkeit ist, für keinen aber wichtiger als für das deutsche Reich.

Verschiedenartig waren die Ansichten und Absichten über und mit einem nun in der Chandler-Bill zu stande gekommenen Einwanderungsverbote. Die einen wollten einen erhöhten Vermögensnachweis, die anderen die Kunst des Lesens und Schreibens als Zulassungsbedingung einführen, ja manche hätten am liebsten jegliche weitere Einwanderung verboten. Soviel scheint festzustehen, daß besonders amerikanische Arbeiterinteressen im Spiele waren. Diese Kreise befürchten, durch die herbeiströmenden Arbeitermassen ihren hohen Lohn durch die Konkurrenz besonders italienischer und slavischer Einwanderer herabgedrückt zu sehen. Sodann aber ging die Assimilierung dieser Einwanderer, die wegen ihrer Bedürfnislosigkeit und geringen wirtschaftlichen Strebsamkeit sich nur sehr schwer entschließen, die Landessprache zu erlernen und den amerikanischen Sitten und Gebräuchen sich anzupassen, so langsam vor sich, daß viele sowohl hierin, als auch besonders in dem unstäten, zu Unruhen und Revolten geneigten Charakter dieser in letzter Zeit bedeutend angeschwollenen Einwanderung eine Gefahr erblickten. Man wird übrigens diesem amerikanischen Vorgehen eine gewisse Berechtigung nicht absprechen können; Amerika ist zwar noch lange nicht von Menschen angefüllt, aber wenn andere Völker sich ein Kolonisationsgebiet suchen, warum sollte man dem amerikanischen Volke, das ja eben im Begriffe steht, sich mehr und mehr zu einer wirklichen Nation auszubilden, verdenken, wenn es sich bestrebt, ein weites Gebiet für die Zukunft seiner eigenen Bevölkerung zu sichern. Aber verbieten will ja auch Nordamerika die Einwanderung nicht, wenigstens jetzt noch nicht, sondern es will nur einem besseren Menschenmaterial den Eintritt gestatten. Es ist weniger das deutsche Element, was man abhalten möchte, als das slavische und italienische.

Nach der Chandler-Bill erstreckt sich das Verbot der Einwanderung auf Personen im Alter von über 16 Jahren, welche verkrüppelt, erblindet oder mit sonstigen körperlichen Gebrechen behaftet und auf solche, die des Lesens und Schreibens unkundig sind, ferner auf diejenigen, die dem Staate zur Last fallen können und endlich auf Mitglieder von Vereinigungen, welche verbrecherische Bestrebungen gegen Leben und Eigentum begünstig'n.

Es wird unsere Auswanderung entsprechend ihrer Beschaffenheit wohl von der Chandler-Bill auf die Dauer nicht allzusehr beeinflußt werden, wenigstens nicht unter normalen Verhältnissen. Anders verhält es sich, wenn man dieses Gesetz zu einer Ablenkung unserer Auswanderung verwerten und seine moralische Wirkung verstärken wollte. Anders verhält es sich auch, wenn man, wie es eben angebracht ist, in ihm nur einen Schritt in der weiteren Entwicklung nach dieser Seite hin erblickt. Immer mehr wird sich, wie es den Anschein hat, in Nordamerika die Tendenz der Einwanderungsbeschränkung ausbreiten, immer höher werden die Anforderungen werden und um so schmerzlicher auch unsere Verluste.

Es gestaltet sich aber außerdem dieses bisherige Auswanderungsziel sowohl für die Auswanderer selbst, als auch im Hinblick auf die heimische Volkswirtschaft immer ungünstiger, da die Hoffnung, daß die Ausgewanderten mehr als bisher Konsumenten deutscher Waren bleiben würden, durch die inaugurierte Gesetzgebung und Schutzzollpolitik mehr und mehr schwinden muß.

V.
Kolonisation als Ziel einer deutschen Auswanderungspolitik.

Wenn wir nun zu der Frage übergehen, welches sollte das Ziel für eine deutsche Auswanderungspolitik sein, so kommen wir auf ein Gebiet, auf dem die allergrößte Meinungsverschiedenheit herrscht, jedoch lassen sich im großen und ganzen drei Gruppen unterscheiden. Die erste erstrebt einen Schutz der Auswanderung bis zur Ankunft im Einwanderungslande, die zweite will daneben auch noch eine Verwertung der Auswanderung im Interesse der heimischen Volkswirtschaft erreichen. Sie strebt daher danach, die Auswanderung nach günstigen Gebieten zu leiten und die einzelnen Ansiedelungen zu fördern und hofft durch Unterstützung von Schulen die Nationalerhaltung zu ermöglichen. Sie möchte ferner durch Interessierung des Kapitals und Förderung des Handels einen regen Verkehr mit dem Mutterlande zu Gunsten der heimischen Volkswirtschaft aufrecht erhalten. Diese Gruppe hat augenblicklich sowohl in der Wissenschaft als im Publikum die meisten Anhänger. In gewissem Sinne erstrebt auch das deutsche Auswanderungsgesetz derartiges, es würde seinen gesetzlichen Vorschlägen nach zur ersten Gruppe zu rechnen sein, es erwartet aber von privater Thätigkeit alle jene Vorteile und möchte nur eventuelle, dahin gehende Bemühungen auf Grund einer sich ausbildenden „Verwaltungspraxis" unterstützen. Die dritte Gruppe tritt für Erwerbung deutscher Ackerbaukolonieen ein, möchten diese in staatlicher Verbindung mit dem Mutterlande stehen oder selbständige Staaten bilden, oder möchte auch nur unter fremder Staatshoheit ein hinlänglich großes Gebiet einer möglichst ausschließlichen Besiedelung durch unsere Nation überlassen werden. Sie glaubt dies erreichen zu können, obwohl die Aussichten dafür nicht gerade günstig zu sein scheinen, und erblickt nur hierin die Möglichkeit einer wirklichen Verwertung der Auswanderung.

Es läßt sich zunächst nichts dagegen einwenden, wenn man bei der gesetzlichen Regelung des Auswanderungswesens einen Schutz der Auswanderer gegen Ausbeutung aller Art hier und dort, sowie eine Sorge für ihr leibliches Wohl und für ihr Fortkommen in fremdem Lande ins Auge faßt. Es sind dies Forderungen der Menschlichkeit, wie sie andere Staaten schon länger zu erfüllen sich bemüht haben. Eine Verwertung der Auswanderung wird von diesem Standpunkte aus nicht erstrebt, und gegen jene Forderungen läßt sich nichts weiter einwenden.

Anders verhält es sich mit der zweiten Gruppe. Hierher sind besonders v. Philippovich und Huber zu rechnen. v. Philippovich sagt*): „Die Aufgabe der Reichspolitik auf diesem Gebiete liegt vielmehr einerseits in der einheitlichen Kodifikation der landesrechtlichen Bestimmungen in Bezug auf das Auswanderungswesen und andererseits in einer solchen materiellen Ordnung der Angelegenheit, welche den großen mit der Auswanderung verknüpften sozialen und wirtschaftlichen Interessen entspricht." „Es handelt sich nicht mehr darum, wie man im Übereifer der vierziger Jahre meinte, politische Bildungen deutsch-nationaler Art in überseeischen Gebieten hervorzurufen. Es stehen nur soziale und wirtschaftliche Probleme in Frage."**) In welcher Weise aber, und nach welchen Gebieten die Auswanderung gelenkt werden soll, geht daraus hervor, daß er sagt***): „In den Vereinigten Staaten von Nordamerika, in Argentinien, in Südbrasilien und Chile, in Kleinasien sind geschlossene deutsche Ansiedelungen vorhanden, welche einen Zugang von Arbeitskräften und Kapital zu ihrer wirtschaftlichen Entwicklung benötigen. Mit ihnen hätte die diesseitige Organisation des Nachrichtendienstes in Verbindung zu treten, ihre Vermittelung wäre zur Unterbringung Ausgewanderter in Anspruch zu nehmen."

Einen ähnlichen Standpunkt nimmt Huber ein. Ihm ist die „organisatorische Kleinarbeit" das wichtigste. Er schreibt †): „Was heute im allgemeinen Not thut, ist die Erweiterung unserer Welthandelsverbindungen, die rentabelere Verwertung unserer überschüssigen Arbeitskräfte, die Kräftigung der Sympathieen für Deutschland im Auslande." Dazu sei nötig die Interessierung des deutschen Kapitales und der deutschen Banken für schöpferische Unternehmungen über See und die damit gegebene Plazierung überschüssiger Techniker, Handwerker und Arbeiter. „Das erfordert organisatorische Kleinarbeit, das erfordert endlich planmäßige Erhaltung des deutschen Nationalbewußtseins und Pflege der Sympathieen im Ausland und deren materielle Unterstützung z. B. durch eine in deutschen Händen befindliche Bank- oder Eisenbahn-Verwaltung, Dampfer- oder Handelsagentur („Exportmusterlager"). Auch ohne

---

*) Auswanderung und Auswanderungspolitik. Leipzig 1892. Einleitung S. XXV.
] Ebenda, S. XXXI. *] Ebenda, S. XXXI.
†] Ebenda, S. 283 (Auswanderung und Auswanderungspolitik im Königreich Württemberg).

Kolonieen zu haben, können wir mit unseren Auswanderern die „kommerzielle Union" erhalten, welche die englischen Handelskammern so eifrig mit den englischen Kolonieen anzubahnen streben."*) Nach dieser Richtung sei der einzige Weg für Organisation der Auswanderung zu suchen, und ein dahingehendes, auszuarbeitendes Programm nach Vorgang besonders Frankreichs und Italiens bilde das positive und reale Seitenstück zu der formalen Zusammenfassung der polizeilichen Bestimmungen in einem Reichsgesetz über das Auswanderungswesen.

Huber erscheinen schon die kleinen Templerkolonieen als Muster dessen, was man zu erreichen suchen müsse, und was wir unter Kolonisation zu verstehen hätten.

Die deutschen Ansiedelungen sind zunächst beinahe überall, sowohl in Brasilien als in Palästina, sowohl in Rußland als auch in Nordamerika gediehen, oft im Kampfe mit sehr schwierigen Verhältnissen und ohne jede heimische Unterstützung. In der Beziehung haben wir also wohl keinen Grund zur Klage und können ruhig auf den guten Kern in unseren Auswanderern vertrauen. Aber diese Ansiedelungen bringen uns keinen wirtschaftlichen Nutzen, höchstens nur einen sehr beschränkten. Dies ist darin zu suchen, daß sich unsere Auswanderer eben fast nirgends dauernd deutsch erhalten konnten. Allgemein wird man zugestehen, daß eine Nutzbarmachung der Auswanderung nur dann stattfinden kann, wenn letztere national erhalten bleibt und so lange sie national erhalten bleibt. Das wollen Philippovich und Huber auch erreichen, und sie glauben dazu beitragen zu können durch Interessierung des Kapitals, durch Erhaltung des kommerziellen Connexes, durch Unterstützung von Schulen, durch Verstärkung der schon angesiedelten Deutschen durch neuen Nachschub, durch Errichtung eines Nachrichten-Büreau's und durch organisatorische Kleinarbeit. Aber eine Nationalerhaltung scheint mir trotz alledem auf diese Weise nicht möglich, wenigstens nicht dauernd möglich. Mit einem Nachrichten-Büreau, das je nach Bedürfnis einen Auswandererzug nach Chile, Argentinien, Brasilien, Nordamerika, Kleinasien leitete, wäre doch thatsächlich weiter nichts zu erreichen als eine Organisation der „Völkerdüngung."

Es würde sich durch solch' zerstreuende Thätigkeit vermutlich nirgends ein wirklich deutscher Kern der Bevölkerung bilden lassen. Wenn neuer Nachschub kommt, sind die älteren Ansiedler schon im besten Zuge ihr Volkstum zu vergessen, und ihr Verhältnis zu den neuen Ankömmlingen gestaltet sich ähnlich, wie es zeit- und stellen-

---

*) Ebenda, S. 284.

weise in Nordamerika der Fall war. Sie halten sich entweder gesondert von ihnen oder helfen sie ausbeuten, oder sie begünstigen im besten Falle durch ihr Vorbild die Entnationalisierung der „Grünhörner".

Wenn man nun wirklich einer Kolonie von selbst 10000 Deutschen in fremder Umgebung eine Unterstützung zur Erhaltung einer Schule giebt, was wird die Folge sein? Die Schule würde womöglich schon von vornherein ein großes Gewicht auf die Erlernung der einheimischen Sprache legen müssen, sie würde bald zweisprachig und in 30 bis 40 Jahren einsprachig geworden sein, die Schulsprache würde aber natürlich nicht mehr das Deutsche, sondern die fremde Sprache sein. Diesen Entwickelungsgang nehmen noch heute zahlreiche deutsche Schulen in den Vereinigten Staaten, sie nehmen ihn aber auch in Brasilien, Australien, und man kann sagen überall. Es hat dieser Vorgang auch durchaus nichts Verwunderliches und ist nicht nur eine deutsche Eigentümlichkeit, sondern auch andere nationale Schulen unterliegen sehr oft einer ähnlichen Wandlung. Man kann durchaus nicht die Templerkolonieen zum Gegenbeweis anführen. Wenn diese ein Muster der Deutscherhaltung sind, so liegt das nicht an der mäßigen Geldunterstützung „von 3250 Mark, die so gute Früchte trägt," oder an der „zielbewußten Einleitung der geschlossenen Auswanderung", sondern ganz allein an den sozialen, ethnographischen, religiösen und politischen Zuständen des Landes, die ein enges Zusammenhalten von vornherein absolut nötig machten für das wirtschaftliche Fortkommen. Es liegt aber auch daran, daß die Auswanderer dort mit keiner Nation von nationalen Assimilierungsgelüsten zusammentrafen. Gleiche Bedingungen finden sich wo anders kaum noch einmal, und deshalb ist eine Nationalerhaltung einer Kolonie von gleichem oder mäßig größerem Umfang auch wo anders gar nicht möglich. Wohin würden aber auch die Templer bei politischen und kriegerischen Ereignissen zerstäuben? Zugegeben, es wäre möglich, eine Kolonie von selbst 100000 Köpfen bewußt deutsch zu erhalten, was hätte man erreicht? Sicher hätte man für einige Zeit einen großen Nutzen für die deutsche Volkswirtschaft erreicht. Hätte man aber wirklich jenen Auswanderern ein so beneidenswertes Loos bereitet? Gerade im Gegenteil, die Beförderung der Auswanderung nach solchen Kolonieen, wenn sie Selbstzweck sein sollen, ist doch immer weiter nichts im letzten Grunde, als eine organisatorische Kleinarbeit, welche den Übertritt deutscher Volksangehöriger wenigstens in zweiter oder dritter Generation in eine andere Nationalität fördert oder aber nicht nur den Ausgewanderten, sondern auch ihren Enkeln und Urenkeln für Erhaltung ihrer Nationalität und eventuell auch Religion, das Schwert in die Faust oder die Märtyrerkrone aufs Haupt drückt, ohne ihnen in ihrem heiligen Kampfe die Hoffnung geben zu können, daß sie doch endlich Sprache und Nationalität dauernd bewahren könnten.

Weit zahlreicher als die Templer sind unsere Kolonisten in Südrußland, und was haben wir trotzdem noch von ihnen zu erwarten? Sie werden national und religiös bedrückt, ihre Eigenart, die sie so lange zähe festgehalten, aufgeben oder auf aufs neue zum Wanderstabe greifen müssen. Haben sie weniger als die Templer zielbewußt ihre Auswanderung eingeleitet? Ich glaube nicht. Aber sind Südrußland oder die Ostseeprovinzen die alleinigen Schauplätze, wo wir solche Verzweiflungskämpfe des Deutschtums sehen? Wie lange werden sie noch in Chile oder Südbrasilien auf sich warten lassen!

Eine derartige Kolonisation erscheint uns um nichts besser als unsere heutigen Zustände sind. Mögen unsere unter solchen Bedingungen ausgesandten Auswanderer im Anfang noch so willkommen sein in ihrer neuen Heimat, es kommt doch gar bald eine Zeit, wo sie so zu sagen lästig oder überflüssig werden und wo man beginnt, wenn sie vielleicht etwas zahlreicher werden als erwünscht ist, sie wirtschaftlich oder national zu fürchten; dann fangen die Bedrückungen an. Werden aber wirklich nun solche Kolonieen vergewaltigt, so wird es, wenn darüber einige Zeit vergangen ist, und die Kolonisten die deutsche Staatsangehörigkeit aufgegeben haben, gar nicht möglich sein, sie zu schützen, oder aber die deutschen Interessen werden nicht für genügend groß angesehen, sich ernstlich dafür zu engagieren, und man sieht dem nicht zweifelhaften Ausgang des Verzweiflungskampfes ruhig entgegen.

Was steht ferner zu erwarten von der von Huber empfohlenen und neuerdings so beliebt gewordenen Plazierung deutscher Techniker, Ärzte, Kaufleute, Handwerker ꝛc. im Auslande? Gar nichts. Sie werden helfen, das fremde Volkstum zu heben und sodann, wenn sie entbehrlich geworden sind, wieder fortgeschickt werden, wie wir es ja sehr oft gerade bei Technikern und Güterinspektoren in Rußland erleben. Auch die deutschen Handwerker und Kaufleute wurden und werden dort mit Hülfe staatlicher Behörden ruiniert. Welcher volkswirtschaftliche Nutzen aber, der mehr als vorübergehend ist, zu erwarten steht, wenn die fremde Volkswirtschaft mit Hilfe unserer Kräfte möglichst gehoben und damit unsere Einfuhr entbehrlich gemacht wird, ist nicht abzusehen. Was für Nutzen haben wir ferner wohl von der Plazierung deutscher Kaufleute, die durch den Handel mit englischen und französischen Waren reich werden?

Gerade aber Rußland und zum Teil auch Österreich können uns lehren, welche Sympathieen man sich durch Abgabe überlegener Kräfte erwerben kann. Auch in Nordamerika haben wir im allgemeinen trotz unserer zahlreichen deutschen Auswanderer wenig Sympathieen, obwohl es dort noch heute beinahe rein deutsche Ansiedelungen, ja beinahe rein deutsche Distrikte giebt. Wohl aber haben die Deutschen auch in Nordamerika sehr viel von Antipathie zu leiden gehabt, die allerdings, das kann uns trösten, nicht zum wenigsten auf Kosten ihrer wirtschaftlichen Tüchtigkeit zu setzen ist. Die Deutschen nahmen die besten Landstriche in Besitz oder erwarben sie später und saßen und sitzen meistens noch heute auf dem fettesten Boden. Sympathieen sind ihnen daraus aber nicht erwachsen. Noch heute ist der Amerikaner ein großer Franzosenfreund. Er kann beinahe in Begeisterung geraten, wenn er der französischen Unterstützung im Unabhängigkeitskriege gedenkt, uns aber vermag er die an England verkauften Hessen nicht zu vergessen. Auch hat er sich von jeher große Mühe gegeben, möglichst totzuschweigen, daß deutsche Kolonisten sowohl im Unabhängigkeitskriege, als auch im Bürgerkriege von 1861—65 weit über ihr Verhältnis hinausgehenden, hervorragenden Anteil nahmen.

Sympathie-Erweckung für Deutschland im Auslande ist etwas sehr schweres, und ich glaube, die Deutschen werden, ebenso wie im allgemeinen die Engländer, darauf verzichten müssen, bei anderen Völkern sich jemals große Sympathieen zu erwerben. Eher ziemt es sich, nach einer Herrschaftsstellung wie jene zu streben als nach dem Erwerb von Sympathieen, die uns doch nicht sonderlich zufallen werden.

Wie soll mit ein paar Bauernansiedelungen im Westen der Union oder im Innern Argentiniens die kommerzielle Union festgehalten werden! Wie soll sich der Handel lohnen, der ein paar Hundert oder Tausend Deutschen im Urwald nachgehen will! Das kann doch höchstens Hausierhandel sein. Wenn jene Ansiedler aber kaufkräftig geworden sein könnten, hat sie vielleicht schon eine Revolution, eine Intrigue oder dergleichen auseinander gesetzt.

Ebenso wie der französische, belgische, holländische Handel sich ihre Absatzgebiete erhalten und erobern ohne Auswanderung, die diesbezüglich von Einfluß wäre, wird auch der deutsche Handel dies thun müssen. Er kann sicher gefördert werden durch große nationale Kolonisation, aber von der Idee, die über die ganze Welt zerstreuten Deutschen als Anwälte des Deutschtums, als Stützen des deutschen Handels, als Verbreiter deutscher Sitte und Sympathieen ansehen zu können, wird man sicher auch in Zukunft sich keinen Erfolg versprechen dürfen.

Wie aber soll das deutsche Kapital im Anschluß an einige deutsche Ansiebelungen eine Anlage finden? Es wird auch in Zukunft so bleiben müssen, daß das Kapital, auf ein paar deutsche Ansiedlerdörfer im Urwald keine Rücksicht nehmend, an anderen Plätzen eine sichere Anlage sucht. Nur wenn es weite und volkreiche nationale Besitzstände sind, können Banken und Eisenbahnen ꝛc. von beiderseitig günstiger Wirkung sein. Damit es aber überhaupt so weit komme, ist mehr nötig als „organisatorische Kleinarbeit," als Unterstützung einiger Schulen und Aufklärung der Auswanderer über ihr Reiseziel. Welche große Kapitalanlagen ließen sich z. B. im Anschluß an die Templerkolonieen machen, oder wie ließen sich die deutschen Kolonieen in Südrußland als Operationsfeld für Handel und Kapital verwerten? In welchem Gebiete ferner das vorsichtige deutsche Kapital ohne weitere Garantieen sich interessieren sollte, ist nicht abzusehen. Wo aber sind in den Vorschlägen von Philippovich und Huber Garantieen für dasselbe? Unser Kapital hat sich bisher gegen unsere eigenen Kultivationsgebiete sehr spröde gezeigt, und ich weiß nicht, ob es gerade jetzt mehr Vertrauen zu brasilianischen oder argentinischen Unternehmungen haben würde oder auch nur haben könnte.

Ein Kolonisationsunternehmen bringt für den Kapitalisten oft recht späte Zinsen. Es ist also für denselben nur anzuraten, wo einigermaßen gesicherte Zustände bestehen oder irgend welche andern Garantieen vorhanden sind.

Wie sollte man aber gar nach dem oft empfohlenen System Wakefields auf diese Weise dort kolonisieren können? Es läßt sich noch nicht übersehen, wie deutsche Kolonisationsgesellschaften, wie die Hamburger von 1849, jetzt in Brasilien geschädigt sein werden. Die Deutschen waren aber offenbar in Südbrasilien im Sinne Philippovichs und Hubers plaziert, wie haben sie sich nun bei den jetzigen Wirren wohl zu schützen vermocht? Oder mit welchem Recht hätte die deutsche Regierung dort für sie eintreten können? Anders freilich wäre es gewesen, wenn eine zielbewußte überseeische Politik dort einen Vorwand zum Eingreifen, wie er sich mehrfach bot, hätte benutzen wollen.

Wenn es heute Not thut, eine Erweiterung unserer Welthandelsverbindungen und eine Verwertung unserer überschüssigen Arbeitskraft zu erreichen, sowie die Sympathieen für Deutschland im Ausland zu stärken, so erscheint dies alles auf diesem Wege nicht möglich, es ist offenbar etwas viel Arbeit für die „Kleinarbeit". Eine Erweiterung der Welthandelsverbindungen und Erweckung von Sympathieen muß wenigstens im Anschluß an Ansiedelungen, die bei solcher zerstreuenden Arbeit unmöglich eine große Ausdehnung erhalten und einen einigermaßen ins Gewicht fallenden nationalen Besitzstand umfassen werden, als unmöglich erscheinen. Es ist aber auch durchaus nicht angängig, zu glauben, daß auf diese Weise eine Verwertung der Auswanderung stattfinden könne. Mögen die Vorschläge v. Philippovichs und Hubers im einzelnen noch soviel Empfehlenswertes enthalten, so können wir doch in ihnen nichts weiter erblicken, als Erstreben einer gewissen, beschränkten Nutzbarmachung unserer Auswanderung. Wir vermögen nicht, in ihnen eine Lösung der Auswandererfrage oder die richtigen Grundsätze für eine Auswanderungspolitik zu finden.

Wenn Philippovich meint, es gelte nur soziale nicht nationale Probleme zu lösen, so sind wir gerade der gegenteiligen Ansicht. Und wenn Huber sagt*): „Von Anfang an nämlich war das Ziel, einen direkten politischen Verband mit den Ausgewanderten aufrecht zu erhalten oder direkt Vorteil von ihnen zu ziehen, verfehlt. Das fruchtbare Element der Auswanderung liegt einzig und allein in dem freien, aber innig-lebendigen Zusammenhang der Ansiedelung mit dem Mutterlande," so wollen wir jetzt nicht darauf eingehen, ob es falsch ist, direkten Vorteil von den Auswanderern ziehen oder einen politischen Verband aufrecht erhalten zu wollen, wir meinen jedoch, „der innige lebendige Zusammenhang," den er erstrebt, werde mit organisatorischer, zerstreuender Kleinarbeit nicht hergestellt werden können.

Dem gegenüber giebt es eine dritte Gruppe von Schriftstellern, die mehr von nationalpolitischen Erwägungen ausgeht und im letzten Grunde durch Kolonisation, wenn nicht deutsche Dependenzen, so doch die Bildung nationaler deutscher Staaten erreichen zu können glaubt oder zum mindesten die deutsche Rasse über weite zusammenhängende Gebiete, wenn auch unter fremder Staatshoheit, sich verbreiten sehen möchte. Es beginnen diese Anschauungen als veraltet zu gelten, man möchte beinahe sagen als phantastisch. Sie traten besonders hervor in den vierziger und fünfziger Jahren und sodann wieder in den achtziger Jahren. Gerade aber dieses Wiederaufleben allein könnte schon ein Beweis dafür sein, daß sie nichts phantastisches enthalten, sondern auf sehr realem Boden stehen. Wir nennen aus der Gruppe dieser Schriftsteller besonders Fabri und v. Weber.

Fabri stellt sein Ziel auf in folgenden Äußerungen**): „Was

---
*) Ebenda S. 279.
**) Fabri, Bedarf Deutschland der Kolonien? Gotha 1884. S. 26.

heißt aber Leitung, Organisation unserer Auswanderung? Da man derselben unmöglich ihre Ziele vorschreiben kann, so besagt diese Forderung nichts anderes, als: womöglich unter deutscher Flagge in überseeischen Ländern unserer Auswanderung die Bedingungen schaffen, unter welchen sie nicht nur wirtschaftlich gedeihen, sondern unter Wahrung ihrer Sprache und Nationalität auch in reger nationaler und ökonomischer Wechselwirkung mit dem Mutterlande verbleiben kann. Mit anderen Worten, die verständnisvolle und energische Inangriffnahme einer wirklichen Kolonialpolitik ist das einzige wirksame Mittel, die deutsche Auswanderung aus einem Kräfte-Abfluß in einen wirtschaftlichen wie politischen Kräfte-Zufluß zu verwandeln. Ähnliches erstrebt v. Weber.

Nach dieser Richtung allerdings ist auch allein die Lösung der Auswandererfrage zu suchen. Schon Roscher*) schreibt: „Unter Berücksichtigung der hervorgehobenen Gesichtspunkte kann keine Kulturnation mit starker Volkszunahme und gesunder wirtschaftlicher Entwicklung auf die Verwertung ihrer überschüssigen Volkskraft wie ihrer ökonomischen Machtmittel durch die Kolonisation verzichten. Ein solcher Verzicht würde thatsächlich einem Verlust dieser Kräfte an das Ausland gleichkommen, ein Opfer, welches durch die Ungunst der Zeitverhältnisse wohl entschuldigt und begründet werden kann, welches aber auf die Dauer zu bringen einer kräftigen und weitsichtigen Politik unmöglich sein wird.

Was nach Huber schon in der Allgemeinen Zeitung von 1841 vermutlich von Friedrich List als Ziel aufgestellt wurde, das ist es immer noch, was wir wünschen und erstreben müssen. „Es handele sich nämlich um Gründung von Niederlassungen, welche auch unter fremder Oberherrschaft eine so bedeutende und so blühende deutsche Bevölkerung vereinigen können, daß sie sich nicht entnationalisieren, ihre Sprache und die Erinnerung ihrer Abstammung nicht verlieren und der Keim junger deutscher Stämme in fremden Weltteilen werden können. Die Auswanderung werde voraussichtlich steigen, für diese künftige könne die gegenwärtige den Weg bahnen durch Bildung von Gemeinden, welche die Nachkommenden aufnehmen würden. Für die kommende beträchtliche Auswanderung bedürfe es langer vorbereitender Arbeit."**) Man lasse sich nicht täuschen, nur hierin ist eine Lösung der Frage, die befriedigt, zu

---

*) Roscher-Jannasch: Kolonien, Kolonialpolitik und Auswanderung. Leipzig 1885. S. 868 f.

**) v. Philippovich: Auswanderung und Auswanderungspolitik in Deutschland. Leipzig 1892. S. 261.

erblicken; nur auf nationalpolitischer Grundlage kann diese Lösung geschehen. Sozial und national ist jetzt schon und wird erst recht in Zukunft zu trennen mehr und mehr unmöglich werden. Nur wenn wir unsere Auswanderung so ansetzen können, daß sie nicht das geringste Bedürfnis hat, die fremde Sprache zu erlernen und fremden Sitten die ihren zu assimilieren, können wir hoffen, daß sie deutsch geartet bleiben und dem Mutterlande reichen Nutzen bringen wird.

Die Garantie für einen dauernden Nutzen des Mutterlandes ist nicht gerade in staatlicher Verbindung zu suchen, sie kann nur darin gefunden werden, daß unsere Rasse neue Gebiete möglichst ausschließlich in Besitz nimmt resp. andere in Betracht kommende Völkersplitter sich möglichst vollständig assimiliert. Wenn aber das Deutschtum kräftig und stark, wie in dem angegebenen Sinne im neuen Lande sich ausbreitet, so ist nichts natürlicher, als daß es zuletzt zur Bildung nationaler Staaten schreiten wird. Der staatliche Zusammenhang mit dem Mutterlande kann, wo dies möglich ist, ein bedeutendes Förderungsmittel für die Entwickelung der Ansiedelungen im nationalen Sinne sein, und darum ist es kein überwundener Standpunkt, nationalpolitische Bildungen hervorrufen zu wollen. Der staatliche Zusammenhang von Kolonie und Mutterland darf aber niemals Zweck, sondern nur ein Mittel zum Zweck sein. Sind neue politische Gebilde von wesentlich gleicher Nationalität entstanden, dann ist die Zeit des freien „innig=lebendigen Verkehrs" gekommen, ein Band gemeinsamer Interessen umschlingt alle, und es entsteht eine höhere gemeinschaftliche Interessensphäre, die ganze Rasse wird gehoben und gewinnt an Einfluß. In diesem Sinne wird England durch Nordamerika zur Welt reden und das ist auch der Sinn von dem „Greater Britain".

Nur dieses Ziel ist der Arbeit wert. Nur darauf darf unsere „Großarbeit" sowohl als unsere „Kleinarbeit" sich richten. Schon das bewußte Streben nach ihm würde den ganzen Volkskörper mit neuem Geiste und neuer, ungeahnter Kraft erfüllen. Mag aber unser Ziel früher oder später oder überhaupt nie erreicht werden, wir dürfen es uns wenigstens nicht verdunkeln lassen, sondern es klar und unverrückt im Auge behalten. Es gilt Ebnung der Bahnen zur Gewinnung eines Landes für unsere Nation, damit sie dort ihre abströmenden Kräfte konzentrieren kann, und auf Grund nationaler Gleichheit und der Verschiedenheit der Länder ein reger geistiger, nationaler und kommerzieller Verkehr aller Volksangehörigen sich entwickele und erhalten bleibe. Das aber nennen wir Kolonisation.

Schäffle sagt*): „Kolonisation sei Volksentwickelung von auswärtiger höherer Gesittung aus durch Niederlassung von Bevölkerungsteilen." Er sagt weiter**): „Entwicklung bedeutet ebenso Weiterentwicklung wie Gründung, ebenso Wiederherstellung vom Verfall wie Steigerung von bisheriger Blüte aus. Ein Volksentwicklungsvorgang ist die Kolonisation von der Urkolonisation an. In dem „Merkmal der Volksentwickelung" liegt auch schon, daß die koloniale Niederlassung groß und häufig genug sein muß, um entweder ein ganz neues Kolonialvolk zu schaffen oder die eingeborene Bevölkerung in ihrer Entwicklung fort- und zugleich umbildend zu beeinflussen." Hübbe-Schleiden definiert folgendermaßen***): „Kolonisation im weitesten Umfange des Begriffs ist diejenige Kulturarbeit, durch welche eine Menschenrasse oder eine Nation sich einen neuen Boden zu eigen macht."

Schäffle will bei seiner Definition auch Kultivation mit einschließen, während Hübbe-Schleiden nur eigentliche Kolonisation im Auge hat. Wenn aber der betreffende nationale Typus nicht mehr oder weniger wirklich zur Herrschaft gelangt, sondern nur mehr oder weniger von Einfluß ist, „die eingeborene Bevölkerung in ihrer Entwicklung nur fort- und zugleich umbildend beeinflußt", wird man doch wohl nicht eigentlich von einer gelungenen oder vollendeten Kolonisation reden können. Es scheint mir deshalb die Definition, wie sie Hübbe-Schleiden giebt, vorzuziehen zu sein. Eine Kolonisation in diesem Sinne ist und bleibt das Ziel, was unverrückt einer deutschen Auswanderungspolitik vorschweben muß.

VI.
Vorbedingungen der Kolonisation und Gründe gegen eine solche.

Die erste Frage bei dem Abwägen einer Notwendigkeit, Nützlichkeit und Möglichkeit der Inangriffnahme einer Kolonisation ist die, wie stellen sich die Vorbedingungen dazu?

Als solche gelten vor allen eine günstige Seeküste, Produktenreichtum und eine starke thatkräftige Bevölkerung. Über die beiden

---

*) Zeitschrift für die gesamte Staatswissenschaft. 43. Band. Tübingen 1887. S. 177.
**) Ebenda S. 178.
***) Hübbe-Schleiden: Überseeische Politik. Teil II. S. 1. Hamburg 1883.

letzteren Punkte urteilt man hinsichtlich deutscher Verhältnisse meistens in günstigem Sinne, anders über den ersten.

Philippson*) z. B. meint, das erste mangele uns und sagt: „Wir sind und bleiben in Folge unserer geographischen Lage die Verbindungsbrücke für weite, reiche Hinterländer, aber zum Weltemporium können wir uns nicht erheben, und unsere eigenen Kolonien würden bei stärkerer Entwicklung England als Markt für ihre Produkte aufsuchen müssen." Und ferner: „Die vielverbreitete Anschauung, daß man die Schäden einer geplanten Auswanderung ablenken könne, wenn man sie zu einer nationalen Kolonisation umgestaltet und hierdurch das Tochterland mit dem Mutterland staatlich verbindet, weil dann durch den vermehrten Handelsverkehr die direkten Opfer ersetzt werden, beruht auf einer Jllusion, wenn die Handels- und Industrieverhältnisse des Mutterlandes nicht, wie es in England der Fall ist, sehr hoch entwickelt sind, d. h. wenn nicht ein Überfluß freier Kapitalien vorhanden ist, und die Industriebedingungen nicht genügend stark ausgebildet sind, um auch ohne Schutz mit andern Völkern zu konkurrieren."**) Wenn natürlich zuzugeben ist, daß unsere Industrie- und Handelsverhältnisse nicht so entwickelt sind, wie die englischen, so ist es doch eine andere Sache, ob sie so wenig entwickelt sind, daß sie absolut der englischen Vermittlung sich bedienen müßten. Ich glaube nicht.

England hat allerdings seit langer Zeit den deutschen Zwischenhandel mit überseeischen Ländern besorgt; aber warum soll das so bleiben? Es kann doch am allererften dem abgeholfen werden, wenn eben direkte, überseeische Verbindungen angeknüpft werden. Der Handel sucht das Hinterland b. h. den Wohnsitz der konsumtionsfähigen Menschen auf und nicht die Seeküste. England mit seinen 38 Millionen Menschen ist zunächft überhaupt nicht so enorm konsumtionsfähiger als Deutschland mit 50 Millionen Einwohnern. Geht die Entwicklung der Industrie in Deutschland entsprechend weiter, so ist es schwer einzusehen, warum der deutsche Fabrikant in England seine Rohstoffe kaufen soll, während er doch direkt und eventuell billiger in Hamburg kaufen kann. Es ist schwer einzusehen, weshalb deutsche Exporteure aus den Kolonieen mit starrem Eigensinn London als Markt aufsuchen sollen, wenn sie ebenso günstig und mit geringerer Mühe in Deutschland verkaufen können. Warum sollen deutsche Kaffeeplantagenbesitzer ihre Produkte in England auf den Markt bringen müssen, oder warum soll Getreide aus einer deutschen

---

*) F. C. Philippson: Über Kolonisation. Berlin 1880. S. 80.
**] Ebenda, S. 29.

Ackerbaukolonie nach England gehen, wenn es in Deutschland zu Brot verbacken werden soll? Die deutsche Lederindustrie ist sehr entwickelt, warum sollen die Häute aus Südwestafrika den englischen Markt aufsuchen müssen? Der vereinigten deutschen Baumwollen=industrie ist es schon seit einigen Jahren gelungen, sich von der Herrschaft des Liverpooler Baumwollmarktes frei zu machen und einen direkten Einkauf herzustellen, da es eben ein eminenter Vor=teil ist, sich des Zwischenhandels zu entledigen.

Philippson*) meint doch auch, der Handel sei kosmopolitisch, und wenn „bei Geldsachen nicht die Gemütlichkeit allein, sondern auch der Patriotismus der Privilegierten (Handelscompagnieen) aufhört," so hört eben auch der alte Glaube auf, daß man nur in London kaufen und verkaufen könnte, und man verkauft und kauft, wo es am vorteilhaftesten ist, und das dürfte doch für deutsche Kolonieen in Deutschland sein.

Übrigens widerspricht sich Philippson wohl selbst, wenn er sagt, Deutschland sei nicht berufen zu überseeischer Kolonisation „wegen seiner geringen, schwer zugänglichen Küstenstrecke" **) und fortfährt: „Seine Handelsflotte kann sich als Zuträgerin des großen Konti=nentalverkehrs und als Vermittlerin zwischen anderen Nationen noch weit ausdehnen, seine Kriegsflotte hat den Beruf des Küstenschutzes, aber um eine fernliegende Kolonie zu verteidigen, fehlt ihr der leichte Ein= und Ausgang zum Mutterlande und die Fähigkeit, schnelle Hülfe von ihm zu erlangen." Philippson kann sich Kolo=nieen eben nicht anders denken, als in staatlicher Verbindung mit dem Mutterlande; aber selbst in einem solchen Falle glaube ich nicht, daß größere Kolonialkriege in den Kolonieen selbst entschieden werden würden. Er ist der Ansicht, daß sich unsere Handelsflotte noch so bedeutend entwickeln könne, ohne daß sich deshalb je etwas für London als Marktplatz ändern würde. Die deutschen Schiffe sollen demnach wahrscheinlich nur den Verkehr von London nach dem Kontinent besorgen. Dazu scheint mir doch schon jetzt unsere Handelsflotte mit im Jahre 1892: 1 468 985 Register=Tonnen Raumgehalt von Seeschiffen über 17,65 Register=Tonnen, unter denen sich 941 Dampfschiffe mit 764 711 Register=Tonnen befanden, zu stark angewachsen zu sein. Daß es aber auch an Kapitalien in Deutschland nicht mehr fehlt, geht sowohl aus dem niedrigen Zinsfuße, als auch daraus hervor, daß deutsches Kapital überall im Auslande meist unter fremder Führung Anlage sucht. Daß es

---

*) cf. ebenda S. 39 und S. 78.
**) Ebenda, S. 44.

aber so selten noch selbst die Führung übernimmt, hängt nicht mit der Schwäche desselben, sondern mit anderen Eigenschaften der deutschen Kapitalisten zusammen.

„Wenn wir nicht überseeisch kolonisiert haben, so lag der Hauptgrund in unseren geographischen Verhältnissen, die unseren historischen Gang zwingend bestimmten und uns auf eine kontinentale Verbreitung anwiesen" sagt Philippson*) weiter. Er sagt dies angesichts unserer Jahrhunderte währenden Auswanderung und apolitistischen Kolonisation in allen Weltteilen, er sagt es, obwohl sonst eigentlich niemand bestreitet, daß wir nicht aus geographischen Gründen nicht dazu gekommen sind, sondern unter dem Druck von historischen Verhältnissen, die mit der geographischen Lage am allerwenigsten zusammen hängen. Daß der Verlust der Niederlande und des nördlichen Belgien uns einen treibenden Grund zur Kolonisation benommen und eines günstigen Gebietes bei derselben beraubt habe, kann ja natürlich trotzdem von uns zugestanden werden. Es wird eine günstige Seeküste wohl ein Volk früher auf den Weg der Kolonisation führen, aber bei späterer Entwicklung des Verkehrs kann eine ungünstige Seeküste in mancherlei Weise kompensiert werden. Vor England waren Portugal, Spanien und Holland Kolonialmächte, und nach Fertigstellung des Nord-Ostseekanals wiese nicht alles darauf hin, daß Deutschland für den Norden und Osten noch mehr als jetzt eine ähnliche Stellung einzunehmen berufen sei, wie England bis jetzt für uns inne hatte?

Daß die durchschnittliche geistige und körperliche Beschaffenheit des Deutschen ihn zum Kolonisten geeignet erscheinen läßt, wird im allgemeinen, sowie auch die Frage, ob Deutschland hinlänglich produktenreich sei, wie schon gesagt, bejaht. Wenn dagegen Löhnis**) sagt, „nationale Kolonialpolitik setzt vor allen Dingen eine normalmäßige Nation, also weit mehr voraus, als den bloßen Besitz einer gemeinschaftlichen Sprache und Litteratur, weit mehr als Kleinstaatlichen Patriotismus," so kann zwar in keiner Weise bestritten werden, daß unser Nationalgefühl noch keineswegs den Aufgaben, die uns gestellt sind, gewachsen ist; gerade aber, um die nationalen Bestrebungen zu stärken, wünschen wir Kolonieen. Nation ist wesentliche geistige Einheit, und Nationalgefühl beruht auf dem Bewußtsein der Zusammengehörigkeit. Wie also kann sich ein Nationalgefühl schärfer entwickeln, als wenn eine möglichst große Anzahl des Volkes sich ihrer Eigenart bewußt und zum Ver-

---

*) Ebenda, S. 44.
**) H. Löhnis: Die Europäischen Kolonieen. Beiträge zur Kritik der deutschen Kolonialprojekte. Bonn 1881. S. 92.

gleich derselben mit jener anderer Völker veranlaßt wird! Durch materielle Interessengemeinschaft wird hier wie so oft die geistige Einheit befördert. „Es zeigt uns die Geschichte aller unserer Nachbarvölker, daß wenn und so lange sie dauernd mächtig wurden, es stets nur energische überseeische Politik war, was sie als Nation groß machte, und zwar war dies der Fall, trotzdem die Art dieser ihrer Politik vielfach eine nach heutiger Beurteilung durchaus unrichtige war." *)

Wenn Löhnis **) ferner in Bezug auf das deutsche Reich sagt: „Zersetzend und hemmend wirkt der überwiegende Einfluß des reinen Formalismus im parlamentarischen Leben," so gilt es auch hier das Dichterwort: „Im engeren Kreis verengert sich der Sinn, es wächst der Mensch mit seinem höheren Zwecke," auch schon Friedrich List preist als das beste Mittel gegen die „Blähungen" dieser Krankheiten, die Seeluft.

Wir haben gezeigt, daß unsere Auswanderung beinahe nur aus wirtschaftlichen Gründen stattfindet. Philippson***) meint, daß wir deshalb überhaupt auf Kolonisation verzichten müßten, denn „nur wo politische und religiöse Ursachen die Triebfeder für die Auswanderung bilden, bleibt das Gefühl der Zusammengehörigkeit rege"; diese Conflikte seien nicht stark genug, die nationale Anhänglichkeit zu zerschneiden. Bei der Auswanderung aus wirtschaftlichen Gründen soll dies nach Philippson ganz anders sein; diese Auswanderer sind nicht von jenem „idealen Zuge berührt", oder er geht bald in der Arbeit des neuen Lebens zu Grunde. Wer aber idealer, zum mindesten jedoch nationaler ist, läßt sich nicht allzuschwer entscheiden, jener der sich mit seinen politischen und religiösen Ideeen mit der Mehrzahl seiner Nation im Widerspruch befindet, vielleicht diese Ideeen gar nicht aus der Volksseele geschöpft, sondern einfach importiert hat, oder jener, der sich, wenn auch nicht immer bewußt, in voller Übereinstimmung mit der Nation befindet und nur vielleicht in Rücksicht auf seine zahlreiche Familie sich zur Auswanderung entschließt. Es braucht damit noch lange nicht geleugnet zu werden, daß z. B. ein politischer Flüchtling von 48 in Nordamerika eventuell vielmehr in nationalem Sinne für uns wirken konnte als ein armes eingewandertes Bäuerlein. Jemand aber, der über dieselbe Bildung verfügt, jedoch nicht in religiösem oder politischem Conflikte mit seinem Vaterlande sich befindet, sondern aus Gründen des Erwerbs das Land verlassen muß, sollte im allgemeinen nicht unzugänglich demselbe sein! Wenn aber auch ungebildetere

Kolonisten aus ökonomischen Gründen ausziehen, so wirken sie, wenn sie irgend unter Leitung und Führung des Mutterlandes bleiben, sicher andauernder und stärker in nationalem Sinne als schwärmerische und unklare Köpfe, falls sie sich nicht entschließen, drüben recht nüchtern zu werden.

Unter den Gründen, die sonst noch gegen eine Inangriffnahme der Kolonisation geltend gemacht werden, steht in erster Reihe die Furcht, in politische Verwicklungen zu geraten, und selbst sonst eifrige Verfechter der Kolonisationsidee glauben sich stets dagegen verteidigen zu müssen, daß ihre Bestrebungen Verwicklungen herbeiführen könnten, sie glauben stets versichern zu müssen, daß sie ja gar nicht daran dächten, die Knochen auch nur eines pommerschen Grenadiers opfern zu wollen.

Es kann keinem Zweifel unterliegen, daß jeder Versuch Deutschlands, Ackerbaukolonieen zu erwerben, sofort den Neid und die Mißgunst aller Mächte erregen würde; ob uns das aber hindern könnte? Wie viel Schwierigkeiten und Winkelzüge hat uns nicht England bereitet beim Erwerb von Ostafrika, Südwestafrika und Neu-Guinea? Mit einer Politik des Konflikte-Vermeidens würden wir auch jedenfalls damals nichts erreicht haben, aber die energische und bestimmte Bismarck'sche Politik führte zum Ziele.

Es ist schwer einzusehen, warum Deutschland nicht sein Prestige in militärischer Beziehung benutzen sollte, um sich wenigstens die Freiheit zu gestatten, die sich andere Mächte auch gestatten. Mit welcher Ruhe nimmt Rußland eine Station nach der andern in Asien, und hat England oder Frankreich je die Frage aufgeworfen, „was werden die andern dazu sagen?" Wo deutsche Atlanten die Welt als vergeben bezeichnen, da gelingt es noch immer Engländern und besonders Franzosen, sich eine neue Position zu erwerben; das beste Beispiel hat Frankreich in Siam gegeben. Man sollte meinen, daß selbst die ängstlichsten Gemüter Mut bekommen müßten, wenn sie sehen, mit welcher Ruhe die Weltverteilung weiter geht.

Am weitesten in dieser angstvollen Stimmung scheint mir Löhnis gegangen zu sein, der sich folgendermaßen ausläßt*): „Vorausgesetzt aber, es sei der Nachweis dafür erbracht, 1. daß Deutschland übervölkert, 2. daß überseeische, zu Ackerbaukolonieen geeignete Territorien, die allein der Massenauswanderung dienen können, vorhanden, 3. daß dieselbe dem deutschen Reich zu erwerben und zu erhalten möglich, so bleibt es doch noch fraglich, ob durch organi-

---

*) Die europäischen Kolonieen. Beiträge zur Kritik der deutschen Kolonialprojekte. Bonn 1881. Seite 87 f.

fierte Auswanderung nach diesen Territorien unter Reichsschutz die befürchtete Gefahr der Übervölkerung sich beseitigen ließe, ohne andere größere, die nationale Entwicklung hemmenden Verlegenheiten und Gefahren heraufzubeschwören, eine Frage, die mehr politischer als wirtschaftlicher Natur ist," d. h. zu deutsch: Es ist unsere heiligste Pflicht, uns ganz ruhig zu verhalten, daß ja niemand an unserem Verhalten Anstoß nimmt.

Ob sich einer der anderen europäischen Staaten nur aus Neid und Mißgunst zu einem Kriege fortreißen ließe, ist doch noch zu bezweifeln; England, das man in dieser Beziehung gewöhnlich am meisten fürchtet, jedenfalls am allerwenigsten. Hübbe-Schleiden sagt einmal, er glaube nicht, daß England sich noch in irgend einen Krieg stürzen würde zu Gunsten seiner Kolonieen, mit alleiniger Ausnahme Indiens; ich glaube, dem zustimmen zu müssen und meine ferner, daß überhaupt keine europäische Macht unserer Zeit, wenn sie nicht glaubt, in ihren tiefsten Lebensinteressen bedroht zu sein, zu einem Kriege schreiten wird. Daß eine energische überseeische Politik überhaupt alle Konflikte vermeiden kann, ist nicht anzunehmen, aber alle überseeische Politik Deutschlands würde doch im Grunde wohl kaum an der politischen Konstellation Europa's etwas ändern können. Es herrscht in ganz Europa dieselbe Scheu vor einem Kriege, wer sich am empfindlichsten zeigt und eventuell am meisten bramarbasiert, scheint die Verhältnisse am meisten auszunutzen. Und „Monroe"? Nun wir wollen ja gar keine deutschen amerikanischen Besitzungen, sondern ebenfalls Amerika für die Amerikaner, nur nicht allein für englische, spanische und portugiesische, sondern auch für deutsche.

Welche Gebiete übrigens im großen und ganzen als geeignet für deutsche Kolonieen anzusehen sind, werden wir später erörtern. Ebenso werden wir später darauf zurückkommen, wie die Kosten eines kolonisatorischen Unternehmens sich gestalten. Es ist ja gewöhnlich ein Hauptgrund, der gegen Kolonisation geltend gemacht wird, die Kosten seien zu hoch und Deutschland sei zu arm, dieselben zu tragen.

v. Weber hat in seiner Schrift: „Die Erweiterung des deutschen Wirtschaftsgebietes und die Grundlegung zu überseeischen deutschen Staaten"*) als einen Vorteil von Kolonieen ins Feld geführt, daß sie Vermögen rasch und enorm wachsen lassen, deshalb befällt Philippson**) eine große Furcht vor Millionenbesitzern, und er macht dies als einen Grund gegen Kolonisation geltend. Wir wollen uns zwar

---
*] Leipzig 1879. Seite 13 f. **] Über Kolonisation. S. 80.

nicht weiter auf den Nutzen und Schaden von Millionären einlassen, wenn aber Philippson an anderer Stelle schreibt*): „Unsere
hinterpommerschen Junker haben sich seiner Zeit instinktiv gegen
eine Eisenbahn, welche ihnen, wie sie meinten, „„das berliner Gesindel nach Hinterpommern bringen würde, um ihre Leute zu verderben,"" gewehrt," so scheint mir jener Gegengrund Philippsons
ganz auf derselben Höhe zu stehen, wie der der hinterpommerschen
Junker.

Nicht minder originell ist es auch, wenn er fürchtet, Kolonisation, insbesondere wohl Plantagen- und Handels-Kolonisation,
könnte den „Charakter verderben". Er schreibt nämlich**): „Die
Wirkungen einer ausschließlichen Kolonialpolitik auf den Charakter
der Gesellschaft pflegen in der That nicht günstig zu sein" und
meint, Holland sei nur durch die französische Eroberung und Verlust seiner Kolonieen geläutert worden. Es soll sich bei solchen
Völkern das Privatinteresse bei öffentlichen Angelegenheiten anmaßend
hervordrängen. Weder sind nun aber Holländer noch Engländer,
die beiden bedeutendsten Kolonialvölker, in ihrem Charakter verdor-
bener als irgend ein anderes europäisches Volk, noch sind ihre öffentlichen Einrichtungen korrumpierter, im Gegenteil werden sie ja wohl sehr
oft gerade hinsichtlich ihrer öffentlichen Einrichtungen als Muster
hingestellt. Wundern können wir uns daher wohl auch nicht, wenn
schließlich Philippson auf die Frage v. Webers***): „Könnte und
sollte das deutsche Volk nicht ebenso eine weit gebietende und über
endlose Territorien herrschende Königin unter den Nationen sein,
wie die englische, die amerikanische, die russische?" mit einem „kräftigen Nein" †) antwortet, „weil unsere patriotische Anschauung
(philiströs wie sie sein mag) nicht in der Ausdehnung des Länder-
besitzes, sondern in seiner inneren Kraft das Heil eines Volkes erblickt. Weit ausgedehnte despotische Reiche, vom altpersischen bis zum
neurussischen, finden ihr Thermopylä (!), wenn ihr Übergewicht sie
zur Unterjochung von Völkern mit höherer Kultur reizt. Englands
Größe liegt in der Tüchtigkeit seines Volkes und dem Reichtum
seiner Hülfsmittel. Seine Lage schützt es vor Eroberung, und deshalb kann es seine Streitkräfte, um seine innere Sicherheit unbe-
kümmert, weit über das Meer senden, aber dennoch hat sein kolonialer Besitz seinen europäischen Einfluß geschmälert, und wie weit

---

*] Ebenda, S. 29. **] Ebenda, S. 81.
***] v. Weber: Erweiterung des deutschen Wirtschaftsgebietes und die
Grundlegung zu überseeischen deutschen Staaten. Leipzig 1879. S. 63.
†] Über Kolonisation. Berlin 1880. S. 84 f.

seine Kräfte in den endlosen Kämpfen um den indischen Besitz aufgerieben werden, ist eine Frage der Zukunft."

Wir aber antworten auf die Frage v. Webers „ja," weil wir glauben, die innere Kraft unseres Volkes durch Kolonisation zu heben und durchaus nicht befürchten, daß unser europäischer Einfluß, wie bei dem bedauerswerten Albion, durch kolonialen Besitz geschwächt werden könne, sondern im Gegenteil, weil wir der festen Überzeugung sind, daß sich dadurch unser Prestige nicht nur in überseeischen Ländern, sondern auch in Europa heben würde. Welchen Einfluß würde wohl England ohne Kolonieen in Europa gehabt haben, und welchen Einfluß hat es mit und durch seine Kolonieen in der Welt!

VII.
Nationale Verpflichtung des Staates zur Kolonisation.

Neben den von selbst aus unseren Ausführungen sich ergebenden Gründen auf volkswirtschaftlichem Gebiet, die es dem Staate als eine ernste Pflicht erscheinen lassen, in ganz anderer, energischerer Weise, als dies bis jetzt geschehen, sich der Auswanderung anzunehmen, besteht aber auch noch eine solche Verpflichtung aus rein menschlichen Rücksichten.

Die Hauptgründe aber, in koloniale Unternehmungen einzutreten, ergeben sich meiner Ansicht nach aus national-politischen Erwägungen heraus. Eine scharfe Scheidung zwischen national-ökonomischen und national-politischen Gründen scheint mir allerdings überhaupt unthunlich zu sein, da in den meisten Fällen sich dieselben, wenigstens in neuerer Zeit, mehr und mehr decken und bedingen. Der klarste Beweis hierfür ist der Einfluß des Prestige einer Nation auf den Absatz ihrer Erzeugnisse. Die Verpflichtung des modernen Staates nach dieser Richtung hängt mit dem Wesen desselben auf das engste zusammen.

Der moderne Staat ist kein patrimonium mehr, er ist auch nicht mehr ein Gemeinwesen eines (Staats-) Volkes, sondern er ist im wesentlichen ein oder vielmehr das Gemeinwesen einer Nation. Man hat allerdings behauptet, daß die Zeit der Herrschaft des Nationalitätsprinzips schon im Niedergange begriffen sei, mehr aber denn je stehen wir im Staatsleben unter dem Einfluß des Nationalitätsgedankens.

Wenn der Westen Europas im wesentlichen in dieser Beziehung sein Ziel erreicht hat, so ist in Ost= und Mitteleuropa dies noch lange nicht der Fall. Überall toben die nationalen Kämpfe, in Belgien, Deutschland, Österreich und Rußland. Eine Milderung ist nirgends wahrnehmbar, wohl aber treten immer neue Gebiete und Splitter von Volksstämmen, die man längst vergessen hatte, in diesen Kampf ein.

Ist nun aber die Nationalität die Grundlage moderner Staaten, so wird es einem modernen Staate auf die Dauer ganz unmöglich, ohne sich selbst zu gefährden, der Vergewaltigung seiner Volksgenossen ruhig zuzusehen oder auch nur zuzugeben, daß sich dieselben freiwillig „vergewaltigen" lassen. Ohne nationales Gefühl seiner Bürger kann der moderne Staat nicht bestehen, durch solches Verhalten aber wird das nationale Gefühl in der bedauerlichsten Weise abgestumpft und verliert an idealem Inhalt.

Wenn nun schon die Grundlage des modernen Staates die Nationalitätsidee ist, so ist wiederum naturgemäß die Tendenz derselben, alle Angehörigen derselben Nation unter einem Scepter zu vereinigen oder zu einem großen Bunde zusammenzubringen, Bestrebungen, wie sie zur Zeit im Panslavismus und der imperiale federation in England ihren deutlichen Ausdruck finden.

Vielfach wird nun behauptet, daß solche Ziele eine Utopie seien. Es ist ein Dogma geworden, daß sich jede Kolonie unabhängig mache, wenn ihre Entwicklung einigermaßen vorgeschritten sei. Mit einer zeitweiligen politischen Trennung werden aber die nationalen Bande nicht zerschnitten. „Eine spätere Wiedervereinigung," sagt Schäffle*), „auf gleichem Fuße, aber auf höherer Stufe der Gesamtentwicklung, ist zwischen relativ homogener Mutter= und Tochternation nicht ausgeschlossen. Und zwar desto weniger, je näher die Entwicklung der Kolonialnationalitäten derjenigen der Mutternationalitäten geblieben ist, je näher die einen oder anderen einander liegen, je mehr sie gemeinsame Feinde finden." Es dürfte aber eine dahin sich richtende moderne Entwicklung bei unseren heutigen Kommunikationsverhältnissen doppelt leicht und mit Sicherheit wahrscheinlich sein.

Schäffle**) meint, „die welt= und volksgeschichtliche Rolle der Kolonisation, wie diejenige aller ihr verwandten Entwicklungs=Erscheinungen, wird erst durch die Thatsache verständlich, daß die Schöpfung der menschlichen Gesittung noch in vollem Laufe ist und

---

*) Zeitschrift für die gesamte Staatswissenschaft. 43. Bd. Tübingen 1887. S. 202.
**) Ebenda, S. 186.

ihrem Abschluß noch unendlich ferne steht." „Das Ziel ist offenbar die Überziehung der ganzen Erde mit Völker- und Menschheitsgesittung unter zunehmender Hereinbildung auch des Bodens, der Flora und Fauna durch Kultivation, Akklimation, Domestikation und Produktion in das Volks- und Menschheits-Vermögen."*) Es wird der Wettstreit der Nationen sich dann gewissermaßen darum drehen, welche Nation im wesentlichen der Völker- und Menschheitsgesittung ihren Stempel aufdrücken soll, resp. darum, ob überhaupt sich ein oder mehrere große Gesittungskreise mit annähernd gleicher Stärke und durch die Rivalität bedingter Achtung auch der kleineren Nationalitäten bilden werden. „Das Eine ist gewiß, der Wettstreit der Völker und Rassen, der Kampf um die Existenz ihrer Nationalitäten wird dann in ganz außerordentlich viel stärkerem Grade entbrannt sein, als wir uns heute eine Vorstellung davon machen können." Dieser Kampf wird aber nicht nur ein rein nationaler sein, sondern entsprechend der Neuzeit vor allem ein wirtschaftlicher.

Hübbe-Schleiben sagt**): „Nicht um die Existenz unserer Nachkommen als Menschen hat unsere gegenwärtige Politik sich zu sorgen, wohl aber um ihre Existenz als Deutsche." „Allerdings wird kein vernünftiger Mensch glauben, Deutschland könne von England absorbiert werden, ähnlich wie sich einst Griechenland in das Römerreich auflöste. Mit Waffengewalt werden die Briten uns am allerwenigsten bezwingen, wohl aber können sie uns wirtschaftlich und kulturell absorbieren." Die unterliegenden Völker würden dann zu proletarischer Knechtschaft verurteilt sein. Sie würden die Diener der Kultur, die Sieger die Herren der Kultur sein. Ein Aufsteigen in den Kreis der Herren wäre nur möglich durch das Aufgeben der schon zu nur bäuerischer Wertschätzung gesunkenen nationalen Kultur und Aufgehen in die der Herren.

Wenn aber die Entwicklung so weiter wie bis jetzt verlaufen würde, so würde eine spätere Weltkultur einen wesentlich englischen Charakter tragen, und für die übrigen kleinen Nationen nicht der geringste Einfluß zu erhoffen sei, berechnet doch Hübbe-Schleiben***) die Bevölkerungszahl der hauptsächlich in Betracht kommenden Staaten gegen Ende des 20. Jahrhunderts schon folgendermaßen:

---

*) Ebenda, S. 187.
**) Hübbe-Schleiben: Überseeische Politik. Hamburg 1881. Teil I. S. 137 und Anmerkung S. 136.
***) Ebenda, Teil I. S. 133.

Staat.	Bildungsraum in C.-Kilom.	Volkszahl um 1876.	Dichtigkeit der Bevölkerung pro C.-Kilom. (1876.)	Muthmaßliche Bevölkerungszahl im nächsten Jahrhundert.	Dichtigkeit dieser Bevölkerung pro C.-Kilom.
Deutschland	539816	42730070	79 Menschen	170 Mill.	315 Menschen
Großbritannien u. Irland	314951	33454339	106 =	134 «	425 =
Vereinigte Staaten . .	7869621	45354000	6 «	2900 »	379 »
Frankreich	528572	34905788	70 =	70 =	132 «

Einer solchen überwuchernden Herrschaftsstellung könnte aber nur allein vielleicht noch der deutsche Stamm entgegen treten, wenn es ihm gelänge, wenigstens in kolonialen Gebieten alle seine Kräfte zusammen zu fassen, die Auswanderung verwandter Stämme ebenfalls dort aufzunehmen und sich zu assimilieren, vor allen aber sich selbst in seinen nationalen Kolonieen die Möglichkeit zu einer uneingeschränkten und durch die Einflüsse der Kultur weniger gehemmter Bevölkerungszunahme zu sichern.

Die deutsche Nation verfügt, wenn wir Holländer und Vlamen hinzurechnen und die in Deutschland seßhaften fremden Volkssplitter, gegenwärtig über circa 70 Millionen Menschen, und eine Verdoppelung der Bevölkerung für das deutsche Reich ist zu erwarten in 47 Jahren, während England hierzu 50, Niederland 52, Österreich 60 ½, Belgien 61 und Frankreich 200 Jahre braucht.

Wir sind also numerisch stark genug, um diesbezügliche große Aufgaben zu lösen. Die Zahl jedoch würde in diesem Kampfe durchaus keine untergeordnete Rolle spielen, freilich kann die Zahl allein nicht vor kultureller Besiegung schützen, wohl aber würde durch derartige Kolonisation auch unsere kulturelle Bedeutung steigen, und die deutsche Nationalitätsidee eine schärfere Ausprägung erhalten. Es würde aber auch das Wachsen des Einflusses des Angelsachsentums, wenn demselben durch deutsche Überläufer nicht immer neue Kämpfer erständen, verlangsamt, und viele Kräfte verwandter Völker entzogen werden; es würden z. B. viele skandinavische Elemente sich dem Deutschtum, dem sie ja wenigstens in religiöser Beziehung zum guten Teil näher stehen, anschließen.

Es ist kein stichhaltiger Grund aufzufinden, warum wir, eine numerisch so starke und am meisten zur Kolonisation befähigte Nation, mit der stärksten Volkszunahme und den beschränktesten Ausbreitungsgrenzen, nicht eintreten sollten in eine Ära der Kolonisation, nicht wenigstens unsere Kräfte im Kampfe versuchen sollten. Es gilt uns auch „Vereinigte Staaten" zu gründen, daß unsere Stimme nicht ungehört verhalle; und unsere Sprache die Sprache eines herrschenden Volkes werde und nicht zum Dialekt einer untergeordneten Rasse herabsinke. Es gilt einen Eingriff in die Weltpolitik zu wagen, wenn wir in Zukunft kulturell etwas bedeuten und erfolgreich teilnehmen wollen an den Aufgaben der gesamten Menschheit. Nicht beschränkte Grenzkolonisation, aber auch nicht Unterstützung winziger Ansiedelungen kann uns dazu helfen.

Es ergiebt sich, daß der Staat sowohl in Berücksichtigung der staatsbürgerlichen Tüchtigkeit seiner Bürger als auch, um die durch ihn repräsentierte Nation kulturell zu stärken und vor endlicher wirtschaftlicher Unterdrückung zu schützen und ihr einen Anteil an der Weltkultur zu sichern, zu großen kolonisatorischen Unternehmungen schreiten muß.

Wenn Salisbury gesagt hat: „Ich halte die Kolonisation für eine der wichtigsten Fragen, denen der moderne Staatsmann seine Kräfte leiht," so verhehlen wir uns nicht, daß wir wohl gerade jetzt weit davon entfernt sind, dies auch bei uns anerkannt zu sehen, und es möchten deshalb unsere Erörterungen beinahe unzeitgemäß erscheinen. Wir sind aber überzeugt, daß, mögen auch noch so viele Hindernisse sich entgegen stellen, doch eine nationale Kolonisation früher oder später in die Wege geleitet werden muß, und daß dies so notwendig geschehen muß wie die Verwirklichung des deutschen Einheitstraumes, und sollte es auch hier nur durch Blut und Eisen möglich sein. Es muß dies geschehen, wenn wir anders annehmen, daß das deutsche Volk seine errungene Stellung behaupten und sein junges Staatswesen weiter ausbauen werde.

Eine wirklich Vorteil verheißende nationale Kolonisation ist ein gewaltiges Werk und es gilt deshalb einen Bau, kein Flickwerk, aufzuführen. Wenn die Stunde dieses Baues aber auch noch nicht gekommen sein und demselben der gegenwärtige Zeitpunkt überhaupt nicht günstig sein sollte, so wird es doch gut sein, sich bei Zeiten klar über die Baukonstruktion zu werden. In diesem Sinne sind auch unsere Erörterungen aufzunehmen.

VIII.
Allgemeine Gesichtspunkte einer deutschen Auswanderungspolitik.

So sehr wir einverstanden sind mit dem, was Fabri, v. Weber u. a. als Ziel unserer Kolonialpolitik aufstellen, so sehr differieren wir mit ihnen hinsichtlich dessen, was sie durch eine Organisation der Auswanderung für die sozialen Zustände des Mutterlandes erreichen wollen.

Beide haben nämlich, wie es auch bei der starken Kolonialströmung der vierziger Jahre der Fall war, hauptsächlich eine Proletarier-Auswanderung im Auge. v. Weber*) will durch Auswanderung eine Entlastung von unseren alljährlich immer zahlreicher und gefährlicher werdenden Proletariermassen erlangen. Auch Philippovich scheint ähnlich zu denken, er schreibt nämlich: „Die steigende Bevölkerungsgröße der europäischen Staaten, die mit der Entwicklung technischen Fortschritts immer häufiger und umfassender auftretende Arbeitslosigkeit und die lange andauernden Perioden schlechten Geschäftsganges lassen erkennen, daß eine zeitweilige Entlastung des Arbeitsmarktes durch die Auswanderung geradezu zur Verhütung weitergreifender Notlagen dient." **)

Es ist wohl nicht zu bezweifeln, daß aus manchen der übergeführten, unzufriedenen und hungernden Proletarier drüben mit der Zeit gut genährte, wohlbehäbige und zufriedene deutsche Bauern werden würden ***), im allgemeinen haben sich jedoch alle derartigen Kolonisationsunternehmungen bis jetzt durch wenig glänzende Erfolge ausgezeichnet. Es handelt sich aber zunächst darum, was man unter Proletariern versteht; sollen darunter verstanden werden Vagabunden und notorisch Arme und Erwerbsunfähige, so würde man sich ja wohl sehr zufrieden geben können mit deren eventuell auch staatlich unterstützten Auswanderung. Versteht man aber unter Proletarier einen Handarbeiter, Fabrikarbeiter oder kleinen Handwerker, etwa im Sinne Hübbe-Schleidens, wenn er sagt†): „Proletariat nenne ich die Volksklassen derjenigen Personen und Familien mit Einkommen (je nach den Umständen) unter 1200 bis 1500 Mark, welche bei unseren gegenwärtigen Verhältnissen trotz aller Volksschulen und anderer vortrefflicher Absichten sich in der hoffnungslosen Lage befinden, von der Pflege aller ideellen Kultur ausgeschlossen zu sein, und in denen jeder Aufschwung zu höherer geistiger Entwicklung durch äußere materielle Not während der ganzen Dauer ihres Lebens erdrückt wird," versteht man diese unter Proletariern, was soll da die jährliche

---

*) v. Weber: Die Erweiterung des deutschen Wirtschaftsgebietes und die Grundlegung zu überseeischen deutschen Staaten, Leipzig 1879. S. 50.

**) Auswanderung und Auswanderungspolitik in Deutschland. Leipzig 1892. Einleitung S. X f.

***) cf. v. Weber: Die Erweiterung des deutschen Wirtschaftsgebietes ꝛc. Leipzig 1879. S. 55.

†) Hübbe-Schleiden: Überseeische Politik. Teil I. S. 64. Hamburg 1881.

Auswanderung von 100 000 Personen nützen? Kann unsere Industrie diese sehr nützlichen fleißigen Proletarier entbehren? Die Industrie bedarf offenbar eines gewissen Überflusses von Arbeitskräften, die sie bald benutzen, bald unbenutzt lassen kann. Wenn die Betriebe weniger vorteilhaft ihre Produkte verwerten können und deshalb ihre Produktion beschränken, werden natürlich eine Anzahl Arbeiter arbeitslos. Würden diese nun jedesmal mit staatlicher Unterstützung auswandern, so würde — vielleicht schon nach kurzer Zeit — bei wieder verstärkter Produktion ein Arbeitermangel sich zeigen, es würden höhere Löhne gezahlt werden müssen, die Einwanderung in die Städte vom platten Lande zunehmen resp. eine fremdnationale Einwanderung stattfinden müssen. Bei der nächsten Geschäftsstockung würde das Elend aber wieder ganz dasselbe sein. Ein derartiges Vorgehen würde nichts weiter bedeuten, als eine Unterstützung der Auswanderung vom platten Land resp. dem Ausland über die Städte nach überseeischen Gebieten, und, wenn immer wieder und wieder bewirkt, die Auswandererzahl enorm erhöhen, die Löhne unverhältnismäßig in die Höhe treiben und jene beabsichtigte, günstige soziale Wirkung durch die Mißstände, welche das „Sichfinden" in die neuen Verhältnisse seitens der eben Eingewanderten mit sich bringt, vollständig aufheben.

Die Idee, von dem erwähnten Gesichtspunkte aus eine Kolonisation betreiben zu wollen, hat den Gegnern von Kolonisation überhaupt die besten Waffen in die Hand gegeben. Man sagt, derartige Unternehmungen sind zu kostspielig, und das Gelingen derselben ist unsicher, denn alle Versuche, eine verarmte Bevölkerung auf öffentliche Kosten in die Kolonieen zu schicken, seien meistens gescheitert. Philippson*) meint: „Die Kosten sind also nicht unbedeutend und betragen, selbst wenn das Land gratis oder zu einem geringen Preise zu haben ist, nach der allgemeinen Annahme mehr als der Vermögensdurchschnitt pro Kopf der Bevölkerung des Mutterlandes. Hierdurch wird aber die Masse der Zurückbleibenden geschädigt, da das Kapital der Nation verloren geht."

Schreibt doch selbst v. Weber**): „Die Kosten, um 100 000 Menschen übers Meer zu führen und dort mit den notwendigen ersten Einrichtungsgegenständen zu versehen, würden nicht unter 30 Millionen, die für 200 000 nicht unter 60 Millionen Mark betragen,

---

*] F. C. Philippson: Über Kolonisation. Berlin 1880. S. 25.
**] Die Erweiterung des deutschen Wirtschaftsgebietes rc. Leipzig 1879. S. 59.

wozu dann noch die Kosten des Ankaufs der nötigen Territorien kommen würden." Auf jeden Fall würden die Ausgaben unter den für uns gegebenen Verhältnissen enorm hoch sein, trotzdem würde ein so geartetes Unternehmen von vornherein mit ganz gewaltigen Schwierigkeiten zu kämpfen haben, weil eben das verwandte Menschenmaterial durchaus nicht zur Kolonisation geeignet ist. Die zahlreichen Mißerfolge einzelner Kolonisationsunternehmungen auch englischerseits werden oft genug für die Unrentabilität der Kolonisation überhaupt angeführt. Die Schuld lag aber eben meist daran, daß die Angesiedelten keine Bauern, sondern frühere Fabrikarbeiter waren. Für jeden Einsichtigen hat in diesem Falle ein Scheitern nichts Befremdliches. Wollte man aber wirklich eine Kolonisation mit solchen städtischen Proletariern in größerem Maßstabe unternehmen, was eben geschehen müßte, wenn überhaupt eine Wirkung auf soziale Verhältnisse erzielt werden sollte, so würde wohl mit einer so schwächlichen privaten Organisation, wie sie bisher von allen Schriftstellern empfohlen worden ist, nichts auszurichten sein.

Die Idee, mit Fabrikarbeitern 2c. eine Kolonisation bewirken zu wollen, hat aber vor allem den Grundfehler, daß sie eine Auswanderung gewissermaßen erst hervorrufen muß in Kreisen, wo bis jetzt keine besteht, daß sie sich mit einer Auswanderung beschäftigt, wie wir sie gar nicht haben. Bei den größten städtischen Notlagen und Arbeitslosigkeiten ist bis jetzt noch nie der Ruf zur Auswanderung laut geworden, man hat die Forderung des Rechts auf Arbeit aufgestellt, aber nicht einmal zu einer Rückwanderung auf das Land, geschweige denn in das Ausland hat man sich entschlossen. Die Auswanderung müßte also hier künstlich hervorgerufen werden.

Erscheint uns nun zwar ein Eintreten Deutschlands in eine überseeische Kolonisation als im höchsten Grade wünschenswert und nötig, so muß doch der Umstand in Erwägung gezogen werden, daß für uns augenblicklich keine Verwertung unserer Auswanderung in eigenen, wenn auch nicht mit dem Mutterlande staatlich so doch national verbundenen Kolonieen möglich ist, daß auch selbst für den Fall, daß es uns gelänge, ein solches Gebiet uns zu erschließen, dasselbe doch nicht ohne vorbereitende Arbeit sofort geeignet wäre, den ganzen Strom unserer Auswanderung aufzunehmen.

Wie werden wir uns in diesem Dilemma verhalten müssen? Wir gehen aus von der Voraussetzung, daß Deutschland noch nicht an Übervölkerung leidet, wenngleich für einzelne Gegenden eine relative Übervölkerung wird zugestanden werden können und meinen, daß deshalb unsere Auswanderung auf alle Fälle vorerst möglichst beschränkt und für die betreffenden Elemente eine Verwertung im Mutterlande gesucht werden müsse. Für jetzt ist das unserer Ansicht nach sehr gut möglich, für später ist aber wohl in Anschlag zu bringen, daß dies nicht mehr möglich sein wird, zumal wenn unser auswärtiger Markt sich verkleinern statt vergrößern sollte.

Trotz aller Maßregeln, die man zu einer Beschränkung ergreifen könnte, werden wir doch die Fortdauer einer nicht unbeträchtlichen Auswanderung ins Auge fassen und eine solche sogar wünschen müssen. Diese beschränkte Auswanderung müßte durch Schaffung einer dahin zielenden Organisation wenigstens teilweise gesammelt und so geführt werden, daß sie selbst günstige Bedingungen des Gedeihens finden könnte, sich möglichst geschlossen ansiedelte und national erhalten bliebe. Sie sollte gewissermaßen als Vortrab und Pionier für eine sich später wieder verstärkende Auswanderung dienen. Von Nordamerika müßte deshalb der Strom der Auswanderung ab und in ein Gebiet gelenkt werden, wo hinlänglicher Raum für eine zahlreiche Nachwanderung vorhanden wäre. Würde auf diese Weise ein Gebiet erschlossen und im Anfang wenigstens eine staatliche Garantie gegeben sein, so würde später, wie jetzt nach Nordamerika, sich die Auswanderung von selbst dorthin konzentrieren, und eine Kolonisation ohne weiteres Zuthun vor sich gehen.

Wir haben gesehen, welches die hauptsächlich zur Auswanderung neigenden Volkskreise sind, nämlich die kleinbäuerlichen, und welches die Gründe sind, welche vor allem dazu veranlassen, nämlich nicht religiöse oder politische, sondern wirtschaftliche. Hier müssen wir anknüpfen. Eine Organisation der Auswanderung muß sich, wenn sie für uns fruchtbar sein soll, genau an die Art unserer Auswanderung anschließen. Die bäuerliche, besonders kleinbäuerliche Bevölkerung müssen wir ins Auge fassen, die Klasse der städtischen Arbeiter können wir dagegen vollständig außer Acht lassen. Die Auswanderer waren aber, wie wir sahen, nicht aller Mittel bar, sondern sehr oft mit Mitteln versehen, die zu einer selbständigen Ansiedelung vollständig ausreichten, im Durchschnitt aber so gestellt, daß weder der Überfahrtspreis ihnen gestundet werden mußte, noch auch irgend welche materielle Unterstützung sich nötig gemacht hätte. Die Kosten würden demnach keineswegs so sich gestalten, wie Philippson meint, wenn er schreibt*): „Die Kosten der Kolonisation bestehen in der Ausgabe für den Transport, den Ankauf des zu bebauenden Landes und der Arbeitswert-

---

*) F. C. Philippson: Über Kolonisation. Berlin 1880. S. 24 f.

zeuge, sowie in der Auslage für den Unterhalt der Auswanderer bis zu dem Zeitpunkte, wo sie die für ihre Erhaltung genügenden Erträge erwerben können. Diese Zeitdifferenz ist nicht ganz klein, sondern man darf annehmen, daß selbst bei der trefflichsten Vorbereitung ein Jahr nach ihrer Ankunft vergeht, ehe jener eintritt." Sie würden vielmehr nur in dem bestehen, was die Maßregeln zur Konzentration und Ablenkung von Nordamerika erfordern. Bei einer Organisation also, wie wir sie uns denken, können nur mäßige Geldaufwendungen nötig werden, die wohl keinesfalls von großer Bedeutung wären oder gar über unsere Kräfte gingen, selbst wohl nicht nach der Ansicht derjenigen, die immer wieder beweisen, daß Deutschland eigentlich ein recht armes Land sei.

IX.

Die Beschränkung der Auswanderung.

Nach unserer Ansicht wäre also vorläufig eine Beschränkung der Auswandererzahl anzustreben.

Dieselbe kann nicht durch irgend welche Gewaltmaßregeln herbeigeführt werden, sondern nur dadurch, daß man die Bevölkerungszunahme hemmt oder bessere Lebens- und Erwerbsbedingungen schafft resp. eine Umsiedelung aus relativ volkreichen nach relativ volkarmen Distrikten bewirkt.

Werfen wir einen Blick auf das erstere. Die dahin zielenden Theorien finden gerade jetzt wieder ihre zahlreichen Anhänger. Es müsse eine Beschränkung der Kinderzahl eintreten, man dürfe den Pauperismus nicht wachsen lassen 2c., heißt es. Die Beschränkung der Kinderzahl ist sicher ein Mittel gegen die Übervölkerung und zwar ein so radikales, wie man es nur wünschen kann. Jedes lebende Wesen jedoch hat den ersten und prinzipalen Trieb sich fortzupflanzen und diesen Trieb unnatürlich beschränken, heißt die schwersten sozialen Krankheiten großziehen, die es überhaupt geben kann. Ist die Geschichte nicht lehrreich? Erst will man die Kinderzahl beschränken, und nach nicht allzulanger Zeit setzt man Prämieen auf eine möglichst große Kinderzahl (Rom, Frankreich). Wir reden nicht von der moralischen Wirkung dieser Lehre, aber einen Einhalt auf einer einmal so betretenen schiefen Ebene giebt es nicht, und zu dem tritt diese vielgepriesene Beschränkung doch meistens nur bei den besser Situierten

ein, die von gewissen Standesrücksichten oder sonstigen egoistischen
Gründen sich leiten lassen, der Arme aber beschränkt seine Kinderzahl nicht, weil er selbst nichts hat und seinen Kindern nichts
hinterlassen kann. Es tritt also vielleicht die umgekehrte Wirkung
ein, die großen Vermögen wachsen und der Pauperismus auch.
Dasjenige Volk hat die besten Lebensbedingungen, das am zahl-
reichsten ist und über die beste Organisation seiner Kräfte verfügt.
Es kann sich auch eventuell die besseren Bedingungen seiner Existenz
mit Gewalt schaffen, es ist eben das stärkere, und wie in einem
Volke selbst im Kampf ums Dasein der Stärkere siegt, so auch
schließlich im Wettbewerb der Völker. Von einer derartigen selbst-
mörderischen Beschränkung, die mit der vermeintlichen Krankheit
auch den Kranken selbst vernichtet, kann für uns nicht weiter die
Rede sein.

Es bleibt also nur übrig, für unsere Bevölkerung bessere Existenz-
bedingungen zu schaffen. Das kann geschehen durch Entwicklung von
Handel und Industrie in jenen Gegenden mit starker Auswanderung, wo sie beinahe noch ganz unentwickelt sind und im Anschluß
daran durch Aufsuchen neuer Absatzgebiete für die gesteigerte Produktion. Es kann dies ferner geschehen, indem eine Zerteilung großer
Güter und Kolonisation und Urbarmachung unbebauter Landstrecken
in Angriff genommen wird und zwar so, daß hierdurch dem Streben
einzelner, ihre wirtschaftliche Lage zu verbessern, Genüge geschieht,
daß eine große Menschenmenge durch intensivere Bodenbearbeitung
ihr Brot findet, und dadurch nicht nur die Auswanderung aus
jenen Strichen bedeutend zurück geht, sondern auch eine Einwanderung und Umsiedelung aus jenen Gebieten mit zahlreicher Bevölkerung, zerstückeltem Grundbesitz und eventuell schon entwickelter
Industrie eintreten kann.

Um Industrie und Handel zu beleben und zu entwickeln würde
es sich zunächst empfehlen, neue Industriezweige in den Auswande-
rungsbezirken durch Belehrung und Gründung von Fachschulen
heimisch zu machen, sowie durch Anlegung von Musterfabriken staatlicherseits, ähnlich den alten Manufakturen, das Vorbild zu geben.
Vielleicht ließen sich auch manche staatlichen Betriebe z. B. Gewehr-
oder Pulverfabriken in die fraglichen Landstriche verlegen. Vor
allem würde es aber nötig sein, einen weiteren Ausbau des Kanal-
netzes, der Eisenbahnen und Straßen sich angelegen sein zu lassen.
Wir erkennen zwar kein Recht auf Arbeit an und sind auch nicht
der Ansicht, daß Staat oder Stadt anläßlich der beliebten Aufzüge
der Arbeitslosen auf Staatsbauten sich einlassen sollen während
auf dem platten Lande die Arbeitskräfte mangeln, wir glauben

aber, daß eine Inangriffnahme von solchen Arbeiten in unserem Falle wohl am Platze wäre und zwar gerade in jenen Landesteilen, die die starke Auswanderung stellen und ja auch in dieser Beziehung im Vergleich mit den übrigen Gebieten des Reiches durch geringe Zahl von Eisenbahnen, Kanälen und Straßen sehr schlecht gestellt sind. Es wäre dies das beste Mittel, sowohl vorläufig eine größere Menschenmasse lohnend zu beschäftigen, als auch für einen dauernden Verdienst derselben, indem Handel und Industrie sich dadurch erst wirklich heben würden, und die Landwirtschaft zu einem intensiveren Betriebe übergehen könnte, zu sorgen und alles in allem also die Existenz einer größeren Bevölkerungsmenge und zwar unter besseren Bedingungen zu ermöglichen.

Mag man sonst über Weltausstellungen denken, wie man will, aber es wäre vielleicht gerade eine Weltausstellung in Berlin ein sehr wirksames Mittel gewesen, unser Ausfuhrgebiet zu vergrößern, wie das durch die beste Vertretung an anderem Orte doch nicht möglich sein dürfte. In einem derartigen Sinne hat sich auch Huber[*] über Weltausstellungen geäußert, und wir möchten uns dem vollkommen anschließen. Er sagt nämlich: „Man verkennt in Deutschland allgemein, von welchem Wert das Prestige für die Nation, wie für jeden einzelnen Fabrikanten ist, insbesondere bildet gerade die Ausstellung für die französische Industrie ein Reklamemittel, das von ihr systematisch gepflegt wird, weil es für sie der Hauptstützpunkt in Belgien und Holland, in der Levante und Südamerika bildet. Vor allem aber hat dieses Reklamemittel, gestützt auf die begleitenden Folgen, für die hohe Politik und Fremdenindustrie eine zwingende Bannkraft gegen die Industriellen und eine gemeinwirtschaftliche Seite gewonnen, deren Nichtbeachtung in gleichem Maße wie bei allen anderen gemeinwirtschaftlichen Instituten, positiven Schaden und entgehenden Gewinn im Betrage von Millionen, die man nur von der Straße aufzuheben braucht, im Gefolge gehabt." Wenn man bedenkt, daß die Weltausstellung zu Paris im Jahre 1855: 5 Millionen, die von 1867: 8,8 Millionen und die von 1878: 12,8 Millionen Besucher hatte, wird der gewaltige Einfluß solcher Unternehmungen auf Handel und Industrie um so verständlicher.

Von welchem Einfluß Unterstützung von Dampferlinien sein kann, die Ausfuhr zu befördern, ist klar, denn hier kommt Alles auf eine sichere Verbindung an, ist eine solche nicht vorhanden, so

---

[*] Artikel Ausstellungen im Handwörterbuch der Staatswissenschaften von Conrad ꝛc. Band I. S. 998. Jena 1890.

wird, natürlich unter sonst gleichen Bedingungen der Importeur
dort kaufen, wo er hoffen kann, zur bestimmten Zeit in den Besitz
der gewünschten Ware zu gelangen. Wie aber auch hier Deutschland noch zurücksteht, geht daraus hervor, daß das Reich bis zum
Jahre 1887 nur 300000 Mark Subventionen zahlte, während
England 13 Millionen, Frankreich 20 Millionen, Österreich 4 Millionen, Italien 7 Millionen und Belgien 650000 Mark zahlten.

In diesem Jahre wurden allerdings weitere 4 Millionen Mark
bewilligt, aber immerhin steht ja doch Deutschland in dieser Beziehung hinter seinen Konkurrenten noch bedeutend zurück. Große
Dampferlinien haben sich noch immer nur mit staatlicher Unterstützung entwickeln können, und selbst das größte derartige Institut,
der Norddeutsche Lloyd, hat im Anfang seiner Entwicklung einer
solchen bedurft.

Wie diesem Zwecke der Ausbreitung des Absatzgebietes natürlich vor allem auch Handels- und Plantagenkolonieen dienen, ist
klar, es fällt hier die Hauptthätigkeit Privaten zu, der Staat soll
gewissermaßen nur die private Thätigkeit ermöglichen und schützen.
Ob aber staatlicherseits auf diesem Gebiete immer in der richtigen
Weise vorgegangen worden ist, wollen wir nicht weiter erörtern.
Es könnte in dieser Beziehung noch viel geschehen, vor allem
sollte das überflüssige deutsche Kapital, statt in faulen ausländischen
Papieren angelegt zu werden, sich hier ein nützliches, für die heimische Volkswirtschaft produktiveres Feld suchen.

Auch heute noch begegnet man in vielen Kreisen der Auffassung von der fast vollständigen Wertlosigkeit unserer jetzigen
Kolonieen, weil man eben nicht dorthin auswandern könne. Wenn
sich aber der jetzige Consum der Neger vielleicht auch nur auf
Glasperlen ꝛc. erstreckt, so ist es gerade unsere Aufgabe, eine Kultivierung der Neger, soweit dies möglich ist, zu betreiben. Je
besser uns aber unser Werk gelingt, desto größer wird das Bedürfnis derselben nach den Produkten unserer Industrie werden
müssen. „Die dortige Rasse ist nur unentwickelt, nicht entwicklungs-
unfähig." (Geffken, Kolonialzeitung 1888.) Hübbe=Schleiden *)
glaubt, für die heimische Volkswirtschaft sei Kultivation noch viel
vorteilhafter als Kolonisation, da der Verkehr einer unbegrenzten
Steigerung fähig sei; bei Kolonieen sei dies nur bis zu einem gewissen Grade möglich. Je heterogener die handelpflegenden Lande,
desto größer der Vorteil und Gewinn für den aktiven Handel.
Aber nicht nur nach der Richtung hin, daß sich durch Kultivation

---

*] Hübbe-Schleiden: Überseeische Politik. Hamburg 1881. Teil I. S. 77 ff.

das Absatzgebiet ausdehnt, und dadurch eine verstärkte Produktion im Mutterlande möglich, und damit die Ernährung einer größeren Menschenmenge dort gestattet wird, ist es von der allergrößten Bedeutung für unsere Volkswirtschaft, wenn die enormen Ausgaben für Tabak, Kaffee, Cacao und andere tropische Produkte in unsere eigene Tasche fließen. Nicht diesem Umstande allein, sondern auch dem ganz besonders lohnenden Zwischenhandel mit diesen ihren Kolonialprodukten verdanken Holland und England zum nicht geringsten Teil ihren hohen Nationalwohlstand. Fabri*) sagt diesbezüglich: „Ohne Zweifel ist gegenwärtig Holland — im Verhältnis seiner Größe und Einwohnerzahl — das kapitalreichste Land der Welt. Dies Land der Niederung, das nach seiner Bodenbeschaffenheit zu den ärmsten Flecken der Erde gehört, das halb Sand und Heide ist, zur andern Hälfte in seinen fruchtbaren Marschen mit viel Mühe dem Meere entrissen wurde, und jahraus, jahrein nur mit Arbeit und Geldopfern gegen dasselbe geschützt wird. Die Lösung dieses Widerspruchs liegt einzig und allein in Hollands früher so mächtiger Seefahrt, in seinem noch heute bedeutenden Handel und Ausbeutung seiner reichen Kolonieen. So sind auch für England seine zahlreichen, die Produkte aller Zonen darreichenden Kolonieen die eigentlichen Quellen seines Kapital-Reichtums und seiner Macht geworden. In den Tagen der Königin Elisabeth war der Wohlstand Deutschlands dem Großbritanniens weit überlegen" 2c.

Es spricht mancherlei dafür, daß auch wir sehr wohl die Möglichkeit hätten, durch Kultivation ein reiches Volk zu werden. Wenn aber der durchschnittliche Wohlstand des einzelnen, auch der arbeitenden Bevölkerung, wächst, und der Nationalwohlstand sich hebt, wird natürlich die Auswanderung sinken müssen, oder es wird, wie in Holland und teilweise in England, ein späteres Zurückströmen der Ausgewanderten, nachdem sie sich in den Kultivationsgebieten zu Wohlstand und Reichtum empor gearbeitet haben, eintreten, und dadurch dem Mutterlande ein doppelter Gewinn erwachsen. Kultivationsgebiete sind aber nicht nur für den Handel als Absatzgebiete und den damit verbundenen Folgen von großem Vorteil, sie bieten auch, wenn die Entwicklung derselben nur erst einigermaßen gefördert worden ist, dem Kapital Platz zu reichlich lohnender Anlage und einer großen Anzahl von Landeskindern als Beamten und Angestellten bedeutende Besoldungen.

Was der Besitz von Ackerbaukolonieen als Absatzgebiet für den heimischen Markt bedeutet, ist schon oben erörtert worden. Sie sind

---

*) Fabri: Bedarf Deutschland der Kolonieen? Gotha 1884. S. 39 f.

eben ein natürliches Absatzgebiet des Mutterlandes, selbst wenn sich der staatliche Zusammenhang beider gelöst hat. Lange Zeit werden sie fast ausschließlich auf dem heimischen Markte kaufen und ihre Rohprodukte dort feilbieten, dadurch wird der Handel gefördert und der Industrie, die nun billiger einkaufen kann, auch eine billigere Produktion ermöglicht, d. h. sie wird der anderen Länder gegenüber konkurrenzfähiger; hierdurch wächst wiederum der Wohlstand und die Volksdichtigkeits-Möglichkeit. Es ist bekannt, mit welcher rapiden Schnelligkeit allein durch Überschuß von Geburten über Todesfälle die Bevölkerung junger Länder zunimmt, und damit ja doch auch bis zu einem gewissen Grade die Konsumtion heimischer Waren und der Gewinn des Mutterlandes. Selbst wenn die Kolonie später die Kulturhöhe des Mutterlandes erreicht, so wird doch dieser Handelsverkehr so leicht nicht wieder sinken.

Wenn wir im Vorhergehenden Maßregeln besprochen haben, die mehr indirekt auf eine Beschränkung abzielen, so wollen wir jetzt dazu übergehen, wie dies direkt angestrebt werden könne.

Der Weg hierfür ist eine energische Inangriffnahme innerer Kolonisation. Wir wollen nicht einer vollen Aufteilung und Vernichtung des Großgrundbesitzes das Wort reden, aber es ist nötig, nicht nur im Interesse der Auswanderung, eine Reduzierung desselben eintreten zu lassen. Für eine energische Inangriffnahme dieser noch gewaltigen Volksmassen Raum bietenden inneren Kolonisation sprechen neben den Gründen, die von unserer zahlreichen nicht verwerteten Auswanderung herzuleiten sind, für manche Provinzen, nämlich Westpreußen, Posen, Oberschlesien, auch noch andere. Die in dieser Weise aufgewandten Mittel würden hier nicht nur eine bessere Verteilung des Grundbesitzes und Beschränkung der Auswanderung bedeuten, sondern auch der Germanisation dienen müssen. Es gilt hier auf friedlichem Wege eine deutsche Eroberung vollständig in unseren Besitz zu bringen, die ihrer geographischen Lage nach und im Interesse der dort schon ansässigen Deutschen unbedingt sich in unserem Besitz befinden muß. Im großen Kampfe ums Dasein der Völker ist für sentimentale Gefühle kein Platz vorhanden. Dies zeigt sich überall in der Geschichte. Müssen wir nicht auch die Vergewaltigung unserer Volksgenossen in Rußland und Österreich mit ansehen? In der Praxis läßt sich kein anderes Volk als das deutsche von solchen Rücksichten bestimmen. Es klingt furchtbar grausam, wenn man der Unterdrückung einer anderen Nationalität das Wort reden will, wie wäre aber eine Entwicklung z. B. Nordamerikas, wie wir sie heute sehen, möglich gewesen, wenn man auf die einheimische Bevölkerung so zarte Rücksichten genommen hätte, wie es der Philanthrop wünscht, oder wenn man jede einzelne der einwandernden Nationalitäten hätte respektieren wollen? Abgesehen davon, befinden wir uns in jenen Provinzen viel mehr in einer Defensiv= als Offensivstellung. Auf der diesjährigen Versammlung des Vereins für Sozialpolitik hat Dr. Max Weber die Fortschritte des Polonismus in Westpreußen wiederum nachgewiesen, und zwar betrugen sie in einigen Kreisen mit überwiegendem Großgrundbesitz (50—64 Proz.) 5 Proz. der Bevölkerung. Wo der Großgrundbesitz weniger verbreitet war, z. B. nur 35 Proz. betrug, betrug auch der Fortschritt des Polonismus nur 0,7 Proz. Wie würde es hier erst ohne die günstige Stellung und den Rückhalt am Mutterlande mit dem Deutschtum aussehen?

Es würde aber nicht nur durch Kolonisation eine Stärkung unserer Nationalität in diesen Provinzen stattfinden, sondern es ist auch, wie auf derselben Versammlung Prof. Knapp nachgewiesen hat, nur hierdurch eine Lösung der Arbeiterfrage im Osten (in ländlicher Beziehung) möglich.

Sowohl Knapp wie Weber haben eine Zerteilung des Großgrundbesitzes, Gründung von Bauerndörfern und Parzellenpacht empfohlen, zwar nicht in Rücksicht auf die Auswanderung, wir haben aber gezeigt, daß gerade jene ungünstige Besitzverteilung die Auswanderung veranlaßt, und in jenen Provinzen das deutsche Element wegen seiner bedrohten Stellung am meisten zur Emigration neigt. Es muß aber ferner dem deutschen Elemente seine Stellung auch dadurch gesichert werden, daß hier ein Ausschluß der polnisch=russischen Arbeiter, wie ebenfalls Weber forderte, eintritt. Dadurch würde sich naturgemäß der Lohn der deutschen Arbeiter und Kleinbesitzer erhöhen, und sowohl ihre Wanderungen nach anderen Provinzen als auch besonders ihre überseeische Auswanderung abnehmen müssen.

Es wäre dies erstrebenswert selbst für den Fall, daß eine bedeutende Anzahl der Großbetriebe wegen der erhöhten Ausgaben nicht mehr als solche bestehen könnten. Welch' sonderbares Verhältnis ist es doch, wenn wir unsere nationalen Landarbeiter mit ihrem, wenn auch geringen Vermögen ziehen lassen und dafür russisch=polnische ohne alle Existenzmittel aufnehmen! Unsere Auswanderer lassen wir entnationalisieren, aber nicht nur das, sondern wir gestatten auch diese Entnationalisierung und Zurückdrängung des Deutschtums in unserem eigenen Lande und begeben uns somit freiwillig eines vorteilhaften Kolonisationsgebietes. Wenn man die gewaltsame Unterdrückung fremder Volksbestandteile, das russische System, das Streben nach Assimilierung, das französische, und das

— 68 —

der Gleichberechtigung als das deutsche bezeichnet hat, so wäre es wohl angebracht, wenigstens hier einmal das Ausland nachzuahmen und sich mit Energie zum mindesten des französischen Systems zu bedienen.

Welches Feld aber allein in Preußen einer inneren Kolonisation noch offen steht, wieviel dort im Osten an einer Verwestlichung noch fehlt, und wie viele, die jetzt die Heimat verlassen, sich dort noch auf eigenem Besitz wohl fühlen und eine Stärkung der deutschen Volkskraft bewirken könnten, geht aus den folgenden Tabellen über die Verteilung des Grundbesitzes, wie wir sie dem Artikel Grundbesitz von A. Wagner in Conrads Handwörterbuch der Staatswissenschaften *) entnehmen, hervor.

Es sollen als Großgrundbesitz die Besitzungen mit einem Grundsteuerreinertrag von über 500 Thalern, als mittlerer Besitz die mit einem solchen von 100—500 Thalern und als Kleinbesitz die selbstständigen Besitzungen mit einem Reinertrage von unter 100 Thalern zusammengefaßt werden, während auf der untersten Stufe die sogenannten unselbständigen Besitzungen und der Parzellenbesitz erscheinen. Die ländlichen Privatbesitzungen verteilen sich dann nach Zahl und Umfang (nutzbare Fläche) folgendermaßen:

Provinz.		Großgrundbesitz.	Mittlerer Besitz.	Kleinbesitz.	Unselbständ. Besitz.
Ostpreußen	a	1 994	13 171	29 498	57 460
	b	902 341	798 149	773 109	217 778
Westpreußen	a	2 186	7 234	14 275	42 155
	b	838 057	430 270	399 890	196 273
Brandenburg	a	2 200	16 974	17 906	73 030
	b	1 129 902	769 474	433 981	300 991
Pommern	a	2 319	7 224	12 898	41 266
	b	1 375 549	371 711	295 486	158 284
Posen	a	2 072	5 077	23 533	51 593
	b	1 344 612	275 668	429 241	228 910
Schlesien	a	4 487	20 561	28 162	192 112
	b	1 610 003	625 283	372 784	584 825
Sachsen	a	4 419	21 516	14 548	88 917
	b	611 737	614 647	198 341	187 457
Schleswig-Holst.	a	4 444	18 577	10 561	34 819
	b	433 326	762 074	175 296	139 221

*) Band III, Seite 167.

Provinz.	b) Hett. a) Zahl.	Groß-grundbesitz.	Mittlerer Besitz.	Kleinbesitz.	Unselbständ. Besitz.
Hannover...	a	3 589	29 167	33 504	80 833
	b	315 145	1 334 642	592 822	302 571
Westfalen...	a	1 843	17 510	18 046	84 354
	b	257 362	629 177	283 133	283 948
Hessen-Nassau.	a	392	8 182	19 559	92 968
	b	62 232	168 761	183 204	178 597
Rheinland..	a	2 543	17 217	43 697	231 120
	b	192 921	312 249	372 582	459 401
Preußen, zusammen..	a	32 488	182 410	266 187	1 078 627
	b	9 073 187	7 112 150	4 509 869	3 238 236

Provinz.	Von 100 Besitzungen entfallen auf den				Von 100 Hektar nutzbarer Fläche entfallen auf den			
	Großgrundbesitz	mittleren Besitz	Kleinbesitz	unselbst. Besitz	Großgrundbesitz	mittleren Besitz	Kleinbesitz	unselbst. Besitz
Ostpreußen.	2	13	29	56	33	30	29	8
Westpreußen	3	11	22	64	45	23	22	10
Brandenburg	2	16	16	66	43	29	17	11
Pommern..	4	11	20	65	62	18	13	7
Posen....	3	6	28	63	59	12	19	10
Schlesien..	2	8	12	78	50	20	12	18
Sachsen...	3	17	11	69	38	38	12	12
Schlesw.-Holst.	7	27	15	51	29	50	12	9
Hannover..	2	19	22	57	12	53	23	12
Westfalen..	2	14	15	69	18	43	19	20
Hessen-Nassau	1	7	16	76	11	28	31	30
Rheinland.	1	6	15	78	14	24	28	34
Preußen..	2	12	17	69	38	30	19	13

Wir sehen also, daß besonders Westpreußen, Pommern, Posen und Schlesien zur Inangriffnahme innerer Kolonisation nach dieser Richtung geeignet sind. In Posen, Westpreußen und teilweise Oberschlesien sind allerdings eigentlich nur Kolonisten evangelischer Konfession am Platze, da ja der Einfluß der polnischen katholischen Geistlichen so stark zu sein pflegt, daß die deutschen Katholiken polonisiert werden. Ein ähnlicher Vorgang wie in Irland, wo auch das irische Volk zahlreiche englische Elemente, aus denen die heftigsten Kämpfer (z. B. Parnell) gegen England hervorgegangen sind, aufnahm. Auch wir sehen unter den jetzigen polnischen Reichstagsabgeordneten nicht weniger als 3 mit deutschen resp. deutschen polonisierten Namen, und noch zahlreicher sind die deutschen Namen unter den polnischen Abgeordneten zum preußischen Landtage.

Eine Zerteilung des Großgrundbesitzes würde aber vielleicht in allererster Linie für beide Mecklenburg zu empfehlen sein. Gerade diesen kernigen Menschenschlag an die Heimat zu fesseln, läge in hohem Grade auch im Interesse der Rekrutierung unserer Kriegs- und Handelsflotte, denen mit die tüchtigsten Kräfte aus diesem Gebiete zufließen. Empfehlen würde sich aber auch eine Zerschlagung der größeren lothringischen Güter, die noch in französischen Händen sich befinden, aber billig zu erstehen sind. Hier würde sich für die starke badische Auswanderung ein überaus vorteilhaftes Ansiedelungsfeld bieten.

Wir wollen nun nicht verkennen, daß in dieser Beziehung in letzter Zeit mancherlei, wenigstens in Preußen, geschehen ist. Mit Glück sind auch manche der kleinen thüringischen Staaten nach dieser Richtung thätig gewesen. Erleichtert ist die Zerteilung der großen Güterkomplexe in Preußen durch das Rentengütergesetz vom 27. Juni 1890. Es wurden zum Beispiel schon bis Ende 1892 572 Rentengüter mit einem Kaufpreis in Renten von 169 535 Mark und in Kapital von 974 615 Mark vergeben. Von diesen Rentengütern fallen 141 auf Ostpreußen, 151 auf Westpreußen, 100 auf Posen und 88 auf Pommern, die übrigen auf die Provinzen Westfalen, Schlesien, Schleswig-Holstein und Hannover. Auch das Gesetz betreffend die Beförderung deutscher Ansiedelungen in den Provinzen Westpreußen und Posen vom 26. April 1886 wirkt hervorvorragend in dieser Richtung. Der Staatsregierung wurde durch dasselbe ein „Fonds von 100 Millionen Mark zur Verfügung gestellt, um zur Stärkung des deutschen Elements in den Provinzen Westpreußen und Posen gegen polonisierende Bestrebungen durch Ansiedelung deutscher Bauern und Arbeiter Grundstücke käuflich zu erwerben," und die Kosten der erstmaligen Einrichtung und Regelung der Gemeinde-, Kirchen- und Schulverhältnisse zu bestreiten.

In Ansehung dieser beiden Gesetze wird schon jetzt vielfach behauptet, es sei alles nach dieser Seite hin geschehen, was geschehen könne. Uns will aber scheinen, als ob die Mittel und Erfolge doch in keinem Verhältnis zu den Aufgaben, die hier ihrer Lösung harrten, ständen. Es würde vor allem nötig sein, für sämtliche in Betracht kommenden Provinzen ähnliche Einrichtungen wie die Ansiedelungskommission für Posen und Westpreußen zu schaffen und sie mit genügenden Mitteln auszustatten, sowie eine Verstärkung der Mittel des bestehenden Instituts eintreten zu lassen. Es sind aber ferner den Generalkommissionen zur Aufteilung größerer Besitzungen zu Rentengütern mehr Hülfskräfte beizugeben, denn einem schnelleren Vorgehen nach dieser Richtung stand bisher sehr häufig der Mangel an Feldmessern hindernd entgegen.

Je energischer, auffallender und umfangreicher eine innere Kolonisation nach dieser Richtung vor sich geht, desto mehr nimmt der jetzige Zug nach dem volkreichen Westen Deutschlands ab, und der Zug nach dem volkarmen Osten, wie im Mittelalter, zu. Je mehr Ansiedler auf staatlichen Stellen angesiedelt werden, desto mehr ziehen nach und siedeln sich selbständig an. Schon jetzt bemerkt man ja wie in Posen im Anschluß an die Ortschaften, die von der Ansiedelungskommission neu gegründet worden sind, sich verschiedentlich in den benachbarten polnischen Dörfern Deutsche ansiedeln, indem sie die Polen auslaufen.

Eine erfolgreiche innere Kolonisation ist aber auch möglich auf jenen ausgedehnten Moorflächen, wie sie sich zahlreich in unserem Vaterlande finden. Es wäre möglich, auf diese Weise für ungefähr 1 Million Menschen noch ein lohnendes Arbeitsfeld zu schaffen, dieselben von der Auswanderung abzuhalten und dort anzusiedeln. Tacke*) sagt: „Die Größe der in Deutschland vorhandenen Moorflächen beträgt nach Schätzung mindestens 500 Q.-Meilen in den alten Provinzen Preußens, nach der vorliegenden, sich vornehmlich auf die Flurkarten, Teilungskarten und dergleichen stützenden, daher nicht genauen Statistik ungefähr 261 Q.-Meilen = 5,2 Proz. der Gesamtbodenfläche. Die Provinz Hannover hat ca. 101,4 Q.-Meilen Moor = 14,6 Proz. der Bodenfläche, Schleswig-Holstein nach Schätzung ca. 27 Q.-Meilen, das Großherzogtum Oldenburg 17,2 Q.-Meilen = 18,6 Proz. der Bodenfläche, das Königreich Bayern 11,8 Q.-Meilen = 0,9 Proz. der Gesamtbodenfläche. Reich an Mooren ist außerdem Mecklenburg, nicht unbeträchtliche Flächen enthalten die Provinzen Hessen, die Königreiche Sachsen und Württemberg. Absolut und relativ am reichsten an Mooren ist nach genannter Statistik der Regierungsbezirk Stade (34,1 Q.-Meilen = 28,2 Proz. der Bodenfläche), es folgen dann der absoluten Ausdehnung ihrer Moorflächen nach der Regierungsbezirk Potsdam (34,0 Q.-Meilen = 9 Proz. der Bodenfläche), Frankfurt a. O. (ca. 29 Q.-Meilen = 8,3 Proz. der Bodenfläche), Stettin (ca. 28,8 Q.-

---

*] Conrads Handwörterbuch der Staatswissenschaften. Band IV. Artikel Moorkultur und Moorkolonisation. Leipzig 1892. S. 1216.

Meilen = 12,9 Proz. der Bodenfläche), Osnabrück (22,7 Q.-Meilen = 20,3 Proz. der Bodenfläche), Gumbinnen (21,6 Q.-Meilen = 7,5 Proz. der Bodenfläche). Manche großen, von Wald bedeckten Moorkomplexe sind in der angezogenen Statistik nicht als Moor berücksichtigt worden."

Was übrigens auf diesem Gebiet erreicht werden kann, lehrt uns Holland. Roscher*) schreibt in Bezug auf diese Kultivierung der Moore: „Ein großer Teil unserer Hochmoore ist der vorzüglichsten Kultur fähig, wenn man zuvor die Torfdecke ausgestochen hat. Freilich eine sehr bedeutende Arbeits= und Kapitalverwendung! Zu beiden Seiten der neuentstandenen Vertiefung muß man natürlich den Torf so austrocknen, daß er kein Wasser mehr durchläßt, d. h. einen Kanal graben. Jetzt greift Alles auf das Schönste in einander. Die losgestochenen Torfmassen werden auf dem Kanal zu Markt gebracht, dort Ackergeräte 2c. dafür eingekauft und so der Grund zu einem blühenden Landbau gelegt, um so mehr, als man die eine Hauptbedingung aller Vegetation, Feuchtigkeit, fast beliebig in seiner Gewalt hat. Schon die Entstehung einer solchen Moorkolonie macht es begreiflich, daß sich Schiffahrt, zunächst Frachtschifffahrt, Seefischerei, dann auch einiger Handel, Gewerbefleiß 2c. leicht daran knüpfen können." Es werden wohl auch bei uns zahlreiche Versuche einer Moorkolonisation gemacht und glückliche Erfolge sind besonders im nordwestlichen Deutschland zu verzeichnen. Man hat auch Moorversuchsstationen eingerichtet und eine Zentralmoorkommission zur Beratung dem preußischen Ministerium für Landwirtschaft, Domänen und Forsten beigegeben. Es will aber scheinen, als ob man sich zu lange bei der Theorie aufhielte und vor allem eben keine genügenden Mittel zur Verwendung gelangten. Nicht nur aber der Staat, sondern vielleicht noch in höherem Grade große Aktiengesellschaften könnten sich hier eine erfolgreiche und gewinnbringende Thätigkeit eröffnen. Es sind dies Meliorationen, wo ein Risiko nicht weiter besteht, und wo alsbald eine Verzinsung des aufgewandten Kapitals eintreten muß. Es kann hier nichts oder so gut wie nichts von einzelnen geleistet werden, da kostspielige Entwässerungs= und Kanalisierungsanlagen erforderlich sind, die eben nur mit Hülfe großer Kapitalien ausgeführt werden können.

Des weiteren rechnet Tacke**) aus, daß die Anlage eines Kolo-

---

*) Roscher-Jannasch: Kolonieen, Kolonialpolitik und Auswanderung. Leipzig 1885. S. 349.

**) Conrads Handwörterbuch der Staatswissenschaften. Seite 1219.

nats in zweckmäßiger Größe (10 ha) mit ca. 8,5 ha Garten-, Acker- und Wiesenland auf den staatlichen Moorstrecken 9800 Mark kosten würde, daß diese Summe aber mit 7 Proz. verzinst werden würde. Eine Kultivierung der ca. 400 Q.-Meilen Moorflächen würde uns einen Zuwachs von 1,4 Millionen ha Acker- und Wiesenland bringen. Bis jetzt seien erst etwa 15—20 Proz. der Gesamtfläche in Kultur. Tacke*) meint, vorausgesetzt natürlich, daß die Hauptkolonisation wenigstens von größeren Kapitalisten besorgt würde, „strebsamen und fleißigen Landwirten ist die Möglichkeit geboten, mit verhältnismäßig geringem Kapital, sei es als Eigentum, Pachtung, Erbpachtung oder Rentengut einen selbständigen lohnenden Landwirtschaftsbetrieb im Moor einzurichten. Dadurch könnte manches wirtschaftlich tüchtige Element dem Vaterlande erhalten und von der Auswanderung abgehalten werden."

Es geht aus unseren Ausführungen hervor, welche bedeutenden Menschenkräfte durch innere Kolonisation noch günstige Verwendung im Deutschen Reiche finden könnten. Gerade durch innere Kolonisation würden aber nicht nur die besten Elemente unter unseren Auswanderern zurückgehalten, sondern auch eine ganz bedeutende Steigerung der Produktion von Getreide herbeigeführt werden. Dadurch würden ungeheure Summen der deutschen Volkswirtschaft erhalten werden können, und somit wiederum eine Steigerung der Bevölkerung möglich sein. Es würde dadurch aber auch neben einem günstigen Ergebnis für die Volkswirtschaft das Reich dem Ausland gegenüber unabhängiger gestellt werden.

Eine besondere Organisation der Vermittlung der neu gegründeten Stellen hat sich bei den bis jetzt gemachten Versuchen der inneren Kolonisation nicht nötig gemacht. Die Stellen fanden stets Abnehmer, und man konnte selbst teilweise eine Auswahl unter den Bewerbern um dieselben treffen. Wir meinen aber, es könnte einer Organisation, wie wir sie uns zur Konzentrierung der Auswanderung denken, vielleicht auch eine Wirksamkeit nach dieser Richtung übertragen werden, in der Weise, daß auch sie Auskunft erteilen und eventuell Ansiedelungen vermitteln könnte. Es würde dies die Bedeutung der Organisation hinsichtlich ihres Einflusses auf die Auswanderung bedeutend stärken und ihr gewissermaßen ein Mittel zu entsprechender Bevölkerungsverteilung und Regulierung gegeben sein. Es könnten die Unterämter unserer Organisation, wie wir später sehen werden, beliebig in ihrer Wirksamkeit ausgedehnt wer-

---

*) Ebenda, S. 1219.

den, eventuell bis zu einer Wirksamkeit als Arbeitsämter oder Aufsichtsbehörden über solche.

X.
Wohin kann die Auswanderung geleitet werden?

Da wir trotz aller Maßregeln zur Beschränkung der Auswanderung deren Fortbauer, wenn auch in geringerem Umfange, erwarten müssen und diese schwächere Auswanderung als Bahnbrecher einer später sich wieder verstärkenden verwenden wollen, so ist bei einer beabsichtigten Ablenkung derselben von Nordamerika, ihrer Konzentrierung und Verwertung die Cardinalfrage zu erörtern: wo ist ein für uns passendes Operationsfeld, welches Land ist geeignet für das Gedeihen deutscher Ansiedelungen und bietet zugleich Verhältnisse, die uns eine Verwertung der Auswanderung im Interesse des Mutterlandes und -volkes zu erhoffen gestatten?

Löhnis *) warnt vor überseeischen Experimenten und empfiehlt eine Ausdehnung und Kolonisation nach Westen und Süden im Anschluß an das deutsche Sprachgebiet. Er schreibt nämlich: „Hinter dem Deutschen Reiche liegt zwar nicht, wie vor 100 Jahren hinter den Original-Küsten-Staaten der amerikanischen Union, ein unbegrenztes Hinterland von freiem Grund und Boden, und einstweilen decken sich Deutschland und das Deutsche Reich nicht. Im Vergleich zu Deutschland sind aber die angrenzenden Ballanterritorien schwach bevölkert, fordern die kultivatorische Thätigkeit des überlegenen Nachbarn heraus, und bieten dieselben in jeder Beziehung, ideal und real, einen ganz anderen, näher liegenden und deutscher Leistungsfähigkeit würdigeren Wirkungskreis, wie das äquatoriale Afrika oder irgend ein anderer Weltwinkel." Auch Friedrich List hoffte als unser einstiges Erbteil bei der Zertrümmerung der Türkei jene Länder von uns kolonisiert zu sehen. Wenn es aber damals und noch vor 30 Jahren zur Not seine Berechtigung dies zu hoffen hatte, so liegen die Verhältnisse doch nunmehr ganz anders. Wie jetzt hier eine erfolgreiche Kolonisation möglich sein soll, ist schwer einzusehen. Eine Kolonisation des Balkan wäre doch

---
*) H. Löhnis: Die europäischen Kolonieen. Beiträge zur Kritik der deutschen Kolonialprojekte. Bonn 1881. S. 97 f.

nur möglich gewesen, wenn Österreich ganz unter deutschem Einfluß geblieben und zuvörderst selbst kolonisiert und germanisiert worden wäre (wie es früher zu hoffen eben nichts Utopisches hatte). Die Polen, viele Teile Österreichs und die Balkanländer, meint Schäffle*), stünden uns jetzt viel volksfrembartiger b. h. national bewußter gegenüber als ehebem. In Österreich weicht mit jedem Tage das Deutschtum und deutscher Einfluß zurück, und auf dem Balkan sind aus unterdrückten und fast verkommenen Völkerhorden nationale Staaten entstanden.

Wir gestehen gerne zu, daß eine Kolonisation im Anschluß an die Grenze der eigenen Nationalität die allervorteilhafteste und gewinnbringendste nach jeder Richtnng sei, und gerade das österreichische Kolonisationsfeld bot ehemals für die Deutschen Alles, was man sich wünschen konnte, in Sonderheit den Schutz der Regierung und Förderung durch dieselbe. Sowohl der Bauer fand in den noch schwächer bevölkerten Distrikten ein fruchtbares und billig käufliches Land vor, als auch der Kaufmann in den ungarischen und slavischen Städten ein gewinnreiches Arbeitsfeld. Beamte und Offiziere aus dem übrigen Deutschland strömten zahlreich herbei und blieben sehr oft im Lande, indem sie sich gern dort einen Grundbesitz erwarben, wie es ihnen in ihrer Heimat nicht möglich gewesen wäre. Aber jene Gebiete in Österreich und auf dem Balkan sind uns verloren. Mögen wir uns noch so sehr über den Aufbau unseres nationalen Staates freuen, den Verlust jenes weiten Kolonisationsfeldes hat er uns gebracht.

Auch jene günstigen Provinzen, die einst als Ausbreitungsland im Osten an unsere Grenzen sich anschlossen, die russischen Ostseeprovinzen und das ehemalige preußische Südpreußen und Neuostpreußen sind für lange, wenn nicht für immer verloren, und auch auf dieser Seite ist eine größere Kolonisation nicht mehr möglich. Vielleicht, daß einmal ein glücklicher Krieg aufs neue eine dieser Provinzen uns erschlösse.

Es wird also doch wohl nichts weiter übrig bleiben, als jene Länderstriche außer Betracht zu lassen und die Blicke weiter zu richten. Daran werden auch so dunkle Aussprüche, wie der Philippsons**): „Unsere Kulturaufgabe liegt uns näher und wird sich uns mit der Zeit zwingend aufdrängen," nichts ändern können.

Was nun unsere eigenen überseeischen Besitzungen anbetrifft, so kommt von ihnen eigentlich nur Südwestafrika in Betracht. Die

---

*) cf. Zeitschrift für die gesamte Staatswissenschaft. Bd. 43. Tübingen 1887. S. 208.
**) F. C. Philippson: Über Kolonisation. Berlin 1880. S. 49.

bestgelegenen Länder sind aber auch hier vor uns von den Engländern in Besitz genommen worden. Die deutsche Kolonialgesellschaft hat Untersuchungen in den Bezirken Windhök, Gobabis und Hoachanas angestellt und, wie es scheint, erfreuliche Kolonisationsversuche in Windhök gemacht. Eine beträchtliche Menge Einwanderer würden aber doch wohl hier nicht Platz finden, zudem stellt der überwiegend auf Viehzucht neben gärtnerischen Arbeiten (Erzeugung von Tabak und Früchten 2c.) gerichtete Betrieb von dem heimischen Landwirtschaftsbetriebe etwas so verschiedenes dar, daß ich glaube, eine allzugroße Anziehungskraft wird Deutschsüdwestafrika nicht auszuüben im stande sein.

Es ist auch die Ansicht geäußert worden, in den Höhengebieten des Kilimandscharo in Ostafrika einen Platz für deutsche Auswanderer finden zu können, aber auch hier scheint es wohl mit Recht zweifelhaft, ob diese Gebiete sich für deutsche Ansiedelungen im großen Maßstabe eignen.

Des weiteren müssen wir nach Abzug der klimatisch ungünstigen Länderstriche auch die Gebiete ausschließen, die sich sonst sehr wohl für eine deutsche Kolonisation eignen würden, aber schon vom englischen Stamm besetzt sind, weil dort unsere Emigranten wegen ihrer Verwandtschaft mit dem herrschenden Volke sowohl als auch aus anderen Gründen, die wir nicht weiter erörtern wollen, sich nicht deutsch erhalten, wie uns alle Erfahrungen gelehrt haben. Auch jene Gebiete müssen außer Betracht gelassen werden, die mit einer anderen kolonisierenden Macht als Ackerbaukolonie in staatlicher Verbindung stehen. Nach Abzug alles dessen blieben nur das gemäßigte und subtropische Südamerika übrig und einzelne Teile der asiatischen Türkei, nämlich Kleinasien, Syrien, Mesopotamien und Assyrien.

Diese letzteren Länder sind sowohl verschiedentlich früher als auch wiederum neuerdings in Erwägung gezogen worden. Wenn die Türkei sich einmal entschlösse, einer größeren deutschen Einwanderung jene Länder zu eröffnen, so wäre es bei den türkischen Zuständen vielleicht am allererften möglich, die von uns gewünschten Garantieen, wie wir sie später noch behandeln werden, durch Verträge zu erlangen. Ist die türkische Herrschaft in Europa nur eine Frage der Zeit, so ist sie es in Asien nicht minder, auch hier wächst mehr und mehr der Einfluß der unterjochten Völker. Einem europäischen Staate, das ist vorauszusehen, wird auch das türkische Asien zufallen. Es ist nicht hinlänglich bekannt und wird vielfach übersehen, daß die Bevölkerung türkischen Stammes, obgleich sie sich in herrschender Stellung befindet, mehr und mehr verarmt und

z. B. in Kleinasien ein Stück Grundbesitz nach dem andern an das Griechentum verliert. Aber nicht nur das, auch die Volkszahl ist aus verschiedenen Gründen in entschiedenem und dauerndem Rückgange begriffen. Würde nun die Türkenherrschaft in Europa zu Ende gehen, so würde ja wohl das Osmanentum in Asien noch einmal eventuelle deutsche Kolonieen mit seinem Fanatismus bedrohen können. Ob aber darin für deutsche, den Reichsschutz genießende Kolonieen eine so große, unüberwindbare Gefahr liegen würde! Wenn wir zuerst Kleinasien ins Auge fassen, so werden uns, für den Anfang wenigstens, auch hier wie in jedem zu kolonisierenden Lande Schwierigkeiten mancher Art entgegen treten. Mögen aber dort jetzt die wirtschaftlichen besonders landwirtschaftlichen Verhältnisse nicht gerade sehr günstig sein, und auch durch die stattgefundenen Waldverwüstungen rc. weite Strecken vielleicht für immer der Agrikultur entzogen sein, es giebt ebenso weite Strecken und Gebiete noch, die sich wohl bebauen lassen. Als ein empfindliches Hindernis der Kolonisation muß aber hier der oft verhältnismäßig sehr hohe Preis für Grund und Boden im Einzelkauf hervorgehoben werden. Gelänge es vielleicht, einer privilegierten Landkompagnie unter dem Schutze von Verträgen Regierungsland zu mäßigem Preise oder unentgeltlich zu erhalten, so könnte hier wohl eine erfolgreiche Kolonie gegründet werden, die zudem vom Mutterlande nicht weit entfernt wäre und auch auf die politische Stellung Deutschlands rückwirkend von kolossaler Bedeutung sein würde.

Ähnlich wie in Kleinasien liegen die Verhältnisse in anderen türkischen Gebieten, in Syrien und Assyrien und Mesopotamien. Wenn in Kleinasien mehr und mehr das griechische Element an Ausbreitung zunimmt, so sind die eben angeführten Länder höchst schwach bevölkert, und ein europäischer Konkurrent ist dort überhaupt nicht vorhanden. Über diese Länder sagt Dr. A. Sprenger*): „Die Ebene östlich vom Tigris und Mesopotamien bildeten zusammen das assyrische Reich, und es wären 10—15 Millionen Kolonisten erforderlich, um die Gaben, welche die Natur mit solcher Verschwendung darbietet, zu sammeln. Unter allen Ländern der Erde giebt es keins, das wie Syrien und Assyrien so sehr zur Kolonisation einladet, hier giebt es keinen Wald auszuroden, keine Naturschwierigkeiten zu überwinden, man hat bloß den Boden aufzukratzen, zu säen und zu ernten."

---

*) Babylonien, das reichste Land in der Vorzeit und das lohnendste Kolonisationsfeld für die Gegenwart. Heidelberg 1880. Seite 270 (120).

Für manche dieser Gebiete würde allerdings wohl nötig sein, Bewässerungsanlagen zu machen. Wenn dies auch nicht gerade für den Anfang erforderlich wäre, so doch später bei dichterer Bevölkerung. Wir erblicken hierin aber kein allzugroßes Hindernis der Kolonisation, muß nicht auch in Amerika erst der Urwald gelichtet werden! Im Gegenteil ist hierin in gewissem Sinne ein Förderungsmittel des Gedeihens der Ansiedelung zu erblicken, denn von vorn herein wäre der Kolonist auf seine Genossen angewiesen, und zu Bildung von Gemeinden und Verbänden, kurz, zum so nötigen engen Zusammenschluß würde ein Antrieb gegeben sein. Ein solch' enger Zusammenschluß wäre aber auch nötig, um sich gegen eventuelle Räubereien der Beduinen und etwaige Erpressungsversuche türkischer Behörden, die ja wohl trotz des besten Willens der türkischen Regierung und ausgiebigen Schutzes seitens des Reiches hie und da gemacht werden würden, zu wehren.

Ist es vielleicht auch etwas sehr optimistisch, was Sprenger im Hinblick auf Mesopotamien, Assyrien und Syrien sagt, so würden doch diese Länder mancherlei Vorteile bieten. Er sagt nämlich[*]): „Der Orient ist das einzige Territorium der Erde, das noch nicht von einer der emporstrebenden Nationen in Beschlag genommen worden ist, er ist aber das schönste Kolonisationsfeld, und wenn Deutschland die Gelegenheit nicht verpaßt und danach greift, ehe die Kosaken die Hand danach ausstrecken, hat es in der Teilung der Erde den besten Teil errungen, denn bei der Kolonisation des Orients würde das ganze deutsche Volk in allen seinen Schichten und Ständen gewinnen. Der deutsche Kaiser hat, sobald einige hunderttausend deutscher Kolonisten in Waffen jene herrlichen Gefilde bebauen, die Geschicke Vorderasiens in seiner Hand und kann und wird ein Hort des Friedens für ganz Asien sein. Der Kaufmann, der Gewerbetreibende findet ein ergiebiges Feld für seine Thätigkeit, dem Kapitalisten eröffnen sich Gelegenheiten für sichere vorteilhafte Geldanlagen und die Enterbten, welche den größten und nicht gerade schlechtesten Teil der Nation ausmachen, können insofern sie Geschick, Lust zur Arbeit und Unternehmungsgeist besitzen, zu wohlhabenden Landwirten werden."

Für diese Gebiete als deutsches Kolonisationsfeld ließe sich vielleicht aber auch als Trost für die ängstlichen Gemüter in Deutschland eine begünstigende Stellung Englands erwarten, denn dies muß ein natürliches Interesse daran haben, eine andere größere Macht in diesen Teilen des südlichen Asien stärker zu interessieren. Die Stellung Englands in Indien fängt wirklich

---

[*]) Ebenda, Seite 280 (112).

an schwieriger zu werden, denn sowohl die Russen rücken unaufhörlich im Norden und Westen näher und beginnen auch schon in Persien mehr Einfluß zu gewinnen, als auch sind die Franzosen in Hinterindien auf das eifrigste bestrebt, ihre Grenzen und ihren Machtbereich weiter vorzuschieben. Zugleich würde noch für England eine größere Interessierung Deutschlands für die Fragen des Mittelmeeres und Ägyptens zu erwarten stehen.

Noch günstiger als diese Gebiete scheint das subtropische und gemäßigte Südamerika für deutsche Kolonisation im großen Maßstabe zu sein. Auch hier wäre es wohl möglich, durch Verträge Garantieen für unsere Auswanderung zugesichert zu erhalten, denn es ist unmöglich, daß die numerisch so geringe spanisch-portugiesische Bevölkerung jener ungeheuren Länderstrecken dieselben aus eigener Kraft kolonisieren kann. Es ist dazu die spanisch-portugiesische Einwanderung ebenfalls nicht stark genug, da diese Länder selbst nicht ein zu diesem Ende hinreichendes Menschenmaterial besitzen. Die Gefahr der Entnationalisierung ist hier überhaupt bedeutend geringer, da dem deutschen das romanische Element so viel fremder ist, wie das kräftige Engländertum. v. Weber*) meint, in Südamerika sei der deutsche Volkstypus dem romanischen gerade so überlegen, wie diesem der englische in Nordamerika. Er ist ferner der Ansicht, daß die dortige republikanische Staatenform den Übergang des Staates von einer Nation an eine andere begünstige, indem die gewählten Beamten eben aus der Mehrheit des Volkes gewählt würden.

Wäre es dort möglich geworden, eine Kolonie in Ansiedelungen, die ein einigermaßen geschlossenes Gebiet darstellten und eine halbe bis eine Million Deutsche aufzunehmen im stande wären, herzustellen, so lägen uns beinahe die ganzen subtropischen und gemäßigten Länder jenes Erdteiles offen. Was es bedeuten würde, wenn eine Million Deutsche kompakt dort angesiedelt wären, geht daraus hervor, daß die Bevölkerungsmenge und die Größe der eventuell in Frage kommenden Länder sich folgendermaßen stellt:

	Tausend Q.-Kilometer.	Tausend Einwohner.
Paraguay	250	460
Uruguay	180	600
Argentinien	2800	3800
Chile	780	2500
Brasilien (Rio Grande do Sul u. St. Catharina)	348	1000
Sa.	4438	8360

---

*) Die Erweiterung des deutschen Wirtschaftsgebietes und die Grundlegung zu überseeischen deutschen Staaten. Seite 56 und 57.

Ist also diese Bevölkerung schon eine verhältnismäßig ganz unbedeutende, so würde aber eine größere deutsche Kolonistenzahl noch mehr ins Gewicht fallen, weil ein großer, teilweise der überwiegende Teil der jetzigen Bevölkerung aus Farbigen besteht. Die ewigen Unruhen und inneren Parteikämpfe kommen zudem einer energischen und zielbewußten Politik vortrefflich zu statten. Freilich auch hier ist es höchste Zeit, voll Energie und Plan vorzugehen, da dort schon Italien als Konkurrent aufzutreten beginnt, beträgt doch schon jetzt die italienische Bevölkerung in Chile, Argentinien, Uruguay, Paraguay und Brasilien eine halbe Million Köpfe, und von manchen sind die Laplatastaaten als schon für verloren angesehen und als Neu=Italien bezeichnet worden. Man muß gestehen, daß in der That hier Italien mit seiner starken Auswanderung ein gefährlicher Konkurrent werden könnte, zumal ja der Italiener in jeder Beziehung anspruchsloser und genügsamer ist als der Deutsche, wenn es diesem nicht gelänge, gerade getrieben durch seine größeren Ansprüche, jenen im wirtschaftlichem Wettkampfe zu besiegen.

Am günstigsten liegen die Verhältnisse für deutsche Auswanderer in Südbrasilien. Schon jetzt leben dort gegen 200 000 Deutsche, eine Zahl, die wohl das Doppelte oder Dreifache betragen würde, wenn nicht aus falscher Politik und Mißverständnis die deutsche Auswanderung dorthin auf jede Weise gehemmt worden wäre z. B. durch das von der Heydt'sche Restript von 1859. Wir sagen, es liegen dort die Verhältnisse für deutsche Kolonisation am günstigsten, obwohl sich jetzt noch gar nicht übersehen und konstatieren läßt, in welchem Zustande die deutschen Ansiedelungen sich in Folge des Bürgerkrieges befinden, und was von ihnen überhaupt noch übrig geblieben ist. Für uns ist dieser Vorgang nichts weiter, als ein deutlicher Beweis, wie zwecklos es ist, wenn man das Wohlergehen eines einzelnen Kolonisten oder einer Kleinkolonie ins Auge faßt, und das Mutterland nur hierauf sein Bestreben richtet. Eine wirkliche Förderung des einzelnen Kolonisten kann nur eintreten und ein ausreichender Schutz kann ihm nur dann gewährt werden, wenn man die Auswanderung konzentriert und Schutz und Förderung der Großkolonie im ganzen und allgemeinen sich angelegen sein läßt.

Es könnte anläßlich dieser gegenwärtigen Unruhen immerhin bedenklich erscheinen, die Auswanderung eben jetzt dorthin leiten zu wollen, ich meine aber, so schnell wird es ja wohl auch nicht gelingen, sich der Leitung derselben zu bemächtigen und eine dahin zielende Organisation zu schaffen, unterdessen würde ja wohl doch die Ruhe dort einigermaßen hergestellt sein. Es ist aber sodann gerade jener Bürgerkrieg Anlaß, daß wir wünschen, die Auswanderung möge dorthin gelenkt oder wenigstens Vorbereitungen getroffen werden, daß dies zu gegebener Zeit möglich sei.

Hierbei leiten uns folgende Erwägungen. Brasilien ist in eine Periode des Zerbröckelns und Auseinanderfallens eingetreten, wie sie auch in Nordamerika im Secessionskriege in Erscheinung trat, dort aber überwunden worden ist. Unbestritten hatte in Nordamerika der aristokratische Süden bis zum Secessionskriege das Übergewicht, er begann schließlich mit der Secession. Das Hauptinteresse an der Union lag aber beim demokratischen (sc. nicht im Sinne der nordamerikanischen Parteibenennung) Norden. In Brasilien ist die Herrschaft bis jetzt, so kann man wohl sagen, bei ähnlichen aristokratischen Elementen, denn die herrschenden nördlichen Staaten sind überwiegend Pflanzerstaaten. Gleichzeitig sind aber, da Rio de Janeiro der erste Hafen Südamerikas ist, die Handelsinteressen sehr ins Gewicht fallend, und diese müssen befürchten, bei einem Zerfall der Union bedeutend geschädigt zu werden. Demgemäß geht hier die Secession vom demokratischen Süden aus und hat ihren Anfang genommen in Rio grande do Sul, wo es beinahe keine Farbigen giebt, und eine bäuerliche Bevölkerung weit mehr als im Norden sich entwickelt hat. Dieses ist vielleicht der Grundzug der gegenwärtigen Kämpfe, ein Zug, der aber augenblicklich kaum noch zu erkennen ist, da vielfach Persönlichkeiten aus ganz anderen Beweggründen bestimmend in den Streit eingegriffen haben. Es mag auch von vorn herein vielen der Aufständischen ja wohl nicht so klar vorgeschwebt haben, um was es sich handelt, da die öffentlichen Zustände jener Länder mehr wie irgend wo anders von Personenfragen abhängen; offenbar aber ist die Interessenverschiedenheit zwischen Norden und Süden die Haupttriebfeder zum Kampfe, bewußt oder unbewußt, gewesen. Mag der Ausgang desselben aber sein, welcher er will, es ist nicht zweifelhaft, daß der Süden mit ganz anders gearteten Produktions- und Lebensverhältnissen über kurz oder lang dazu kommen wird, ein eigenes Staatswesen oder mehrere selbständige Staaten zu bilden. Es wird sich auch dort die rein weiße Bevölkerung eben kräftiger erweisen, als die Mischlingsbevölkerung.

Welche Aussichten bieten sich aber, wenn die Provinz Rio grande zur Unabhängigkeit gelangt, für uns! Das neue Gemeinwesen müßte mit dem Deutschtum rechnen, es bildet schon jetzt beinahe $1/5$ der Bevölkerung. In der That, bei starkem Nachschub würden in wenigen Jahren die Deutschen die Mehrheit in den Händen haben. Es böte sich das ersehnte Ziel. Wird man es ergreifen? Nichts wäre in diesem Falle nötig, als die Auswanderung dorthin zu leiten.

Speciell von Rio grande sagt Breitenbach*): „In der That, auf der ganzen Erde dürften nur wenig Gebiete zu finden sein, die gerade für eine deutsche Kolonisation im großen Maßstabe so sehr geeignet wären, wie dieses riograndenser Waldgebiet am oberen Uruguay."

Noch ein anderes Moment kommt in Betracht; Südamerika, besonders Brasilien, ist eines unserer bedeutendsten Handels- und Absatzgebiete. Nun haben wir gesagt: Südamerika könne nicht durch die spanische und portugiesische Rasse kolonisiert werden, es wird also, wenn Deutschland darauf verzichtet, später wahrscheinlich das nordamerikanische oder überhaupt das angelsächsische Element die Kolonisation in die Hand nehmen und der „polnischen" Wirtschaft dort ein Ende machen. Damit würde aber auch der deutsche Handel zurückgedrängt werden. Gelänge es den Italienern, die dünne spanisch-portugiesische Bevölkerung mit einer italienischen Bevölkerungsschicht zu überziehen und jene Elemente sich zu assimilieren, so würde in gleicher Weise der italienische Handel auf die Dauer dort die Oberhand gewinnen, zumal ja Italien trotz aller Krisen offenbar in einem starken Aufschwunge begriffen ist. Wie bestrebt und thätig Italien ist, seine Auswanderung national zu erhalten, ist schon erwähnt. Es steht demnach nicht zu erwarten, daß uns bei Nichtbenutzung unserer Auswanderung und Verharren in Unthätigkeit ihr gegenüber wie bisher, wenigstens unsere dortigen in vieler Hinsicht äußerst günstigen Absatzgebiete erhalten bleiben, sondern vielmehr, daß uns dieselben entrissen und wir aus unserer bis jetzt innegehabten Stellung verdrängt werden.

Welches Gebiet oder Land man zur Basis kolonialer Unternehmungen wählen soll, hängt unserer Ansicht nach weniger von der größeren oder geringeren Fruchtbarkeit und Ergiebigkeit desselben ab, sondern davon, ob es möglich ist, Garantieen für die Nationalerhaltung unserer Auswanderung und das Gedeihen einer Großansiedelung zu gewinnen. Es giebt noch genug weite Landstriche, die alle Bedingungen für eine erfolgreiche deutsche Kolonisation bieten. Die Wahl zu treffen ist Sache der hohen Politik.

---

*] W. Breitenbach: Die deutsche Auswanderung und die Frage der deutschen Kolonisation in Süd-Brasilien in Schmoller's Jahrbuch für Gesetzgebung, Verwaltung und Volkswirtschaft. XI. Jahrgang. Seite 247.

XI.
Garantieen für eine beabsichtigte Verwertung der Auswanderung.

Bevor wir dazu übergehen, wie nun im einzelnen eine Ablenkung, Konzentration und Verwertung der Auswanderung stattfinden könne, wollen wir zunächst sehen, welcher Art die Vorbedingungen und Garantieen gestaltet sein müssen, unter denen zweckmäßiger Weise derartige Versuche unternommen werden können. Warum, so fragen wir, gediehen die deutschen Kolonieen im Osten Europas während des Mittelalters in nationaler Hinsicht so gut? Warum gedeihen und gediehen die englischen Auswanderungskolonieen so überraschend? Doch nur, weil sie einen starken Rückhalt im Heimatlande fanden. Warum haben sich die Siebenbürger Sachsen bis jetzt deutsch erhalten? Weil sie einen solchen Rückhalt hatten an dem bis 1866 doch wesentlich deutschen Charakter tragenden Österreich. Warum nimmt jetzt die Entdeutschung so zu in Österreich? Weil das deutsche Element keinen Rückhalt mehr am Staate, sondern viel eher einen Feind an demselben hat, während dem eigentlichen Nationalstaat, dem deutschen Reich, in dieser Beziehung die Hände gebunden sind, oder wenigstens der Glaube herrscht, man könne in dieser Hinsicht nichts thun.

Vielartig waren auch die Versuche, in Nordamerika kompakte deutsche Ansiedelungen und eventuell politische Gebilde zu gründen. Aber sie mußten alle scheitern, weil ihnen eben staatliche Unterstützung ermangelte. Ein Unternehmen, welches auch bis zu einem gewissen Grade dieses Moment in sich schloß, war der Versuch des Vereins deutscher Fürsten zur Kolonisation von Texas. Es geschah dies zu einer Zeit, wo sich Texas von Mexiko losgerissen hatte und den Vereinigten Staaten noch nicht beigetreten war. Welche Aussicht für die Zukunft bei richtiger Leitung des Unternehmens! Welche Aussichten, wenn das bilettantenhafte Interesse einiger Angehöriger des hohen Adels zu einem wirklichen Staatsinteresse hätte erweitert werden können!

Wir können aus der ganzen Kolonisationsgeschichte und nicht am wenigsten aus der deutschen Einwanderungsgeschichte in Nordamerika die deutliche Lehre ziehen, daß Volkskolonieen von einem einigermaßen größeren Umfange, ohne den Schutz des Mutterlandes bis zu einem bestimmten Stadium ihrer Entwicklung zu genießen, auf die Dauer nicht gedeihen können.

Möchte immerhin das deutsche Nationalbewußtsein jener abgesprengten Volksteile sich heben, die erste Bedingung zum Gedeihen der Kolonie nach dieser Richtung ist hierin nicht zu suchen. Alle derartige Bestrebungen verdienen sicherlich alle Unterstützung, aber einen dauernden Erfolg wird man sich davon nicht versprechen dürfen. Der Kern der Sache bleibt immer ein ausgiebiger Schutz der Kolonisten, auch der eventuell schon in fremdem Lande geborenen, und ihrer Interessen seitens des Heimatstaates, und das Bewußtsein der Kolonie, einen starken Rückhalt dort auf alle Fälle finden zu können, so lange bis die sie sich zu einem besonderen, der Selbständigkeit fähigen, nationalen Staat ausgebildet hat.

Roscher nimmt den griechischen Unterschied zwischen 'ἀποικία und κληρουχία wieder auf und sagt, 'ἀποικία pflege bei weniger entwickeltem Kulturzustande stattzufinden, während κληρουχία bei höherem auftrete. Nach allen Richtungen sehen wir europäische κληρουχίαι ausgehen, und nur Deutschland hat sich bis jetzt noch nicht über, wenn auch noch so zahlreiche, 'ἀποικίαι erheben können. Von Privaten, mögen sie auch in großen Vereinen sich zusammenfinden, ist nichts ohne sorgende Mithülfe des Reichs zu erwarten; vom Reich und seinem Schutz, seiner Förderung und vor allem seiner Initiative alles.

Es kann aber staatliche Förderung auf zweierlei Weise eintreten, entweder indem der Staat als solcher besiedelungsfähige Länder zu eigenem Besitze erwirbt, oder indem er irgendwie sich Garantieen verschafft, die ihm hinreichend erscheinen zur Aufrechterhaltung der Nationalität der Ausgewanderten und des ökonomischen Connexes mit dem Mutterlande. Das Endziel aber für beide Arten der Staatsthätigkeit muß, wie wir schon oben erörterten, die Herausbildung eines neuen Staatswesens auf deutschnationaler Grundlage sein, eines Staatswesens mit überwiegend deutscher, in maßgebender Stellung sich befindender Bevölkerung. Nur hierin können wir eine wirkliche Garantie, daß dem Mutterlande ein dauernder Vorteil erwachse, erblicken.

Ob ein solches Staatswesen später in losem politischen Verband mit dem Mutterlande steht oder nicht, ist belanglos; aber um das gesteckte Endziel zu erreichen, sind politisch mit dem Mutterlande in den ersten Stadien ihrer Entwicklung verbundene Kolonieen natürlich bei weitem mehr geeignet als sonstige Auswanderungsgebiete. Kolonieen nun, die uns als Siedelungskolonieen im größeren Maßstabe dienen könnten, stehen uns zur Zeit nicht zur Verfügung. Es besteht aber für uns die Notwendigkeit einer baldigen befriedigenden Lösung der Auswandererfrage. Deshalb müssen wir vorläufig für den eigenen Besitz kolonisationsfähiger Länder einen Ersatz schaffen, indem der Staat durch Abschluß von Verträgen gewisse Garantieen der Verwertung der Auswanderung zum Nutzen des Mutterlandes gewinnt. Wir werden hierbei eine freundliche Haltung der Regierung des Einwandererstaates erstreben und etwas Ähnliches schaffen müssen, wie die Privilegien, die den deutschen Auswanderern in Polen, Ungarn, Rußland und vor allem Schlesien während des Mittelalters und bis in das vorige Jahrhundert hinein gewährt wurden. Dahin zielende Verträge müssen aber so beschaffen sein, daß deren Innehaltung nicht nur von dem guten Willen des Einwandererstaates abhängt, sondern vielmehr das Reich für sie mit ganzer Kraft eintreten kann. Sie sollen die Grundlage bilden, auf der unsere Nation eindringen und später zur Herrschaft gelangen kann.

Ich stimme mit v. Weber überein, der meint: „Es würde sich jetzt für den Anfang nur darum handeln, den in den neuen Boden überpflanzten jungen Stämmen einige Jahrzehnte hindurch den direkten Schutz des Mutterlandes zukommen zu lassen." „Dieser Zweck könnte durch abzuschließende Staatsverträge und Konsular-Konventionen erreicht werden, deren treues Innehalten von seiten der betreffenden Regierung dann durch an die Ostküste (er denkt an Unternehmungen in Südamerika) stationierte oder wenigstens zeitweilig hingesandte deutsche Kriegsschiffe leicht kontrolliert und eventuell im Notfalle durchgesetzt werden könnte."*) Nach zwanzig Jahren des Schutzes würde wenigstens in Südamerika das Deutschtum jener Länder, wenn eine Fürsorge für Konzentration der Auswanderung dorthin gleichzeitig statt hätte, so weit entwickelt sein, daß es sich selbst zu helfen im stande wäre und auf dem besten Wege zu eigener Staatsbildung sich befände.

Als Beispiel dessen, was speziell durch solche Staatsverträge zugesichert werden müßte, führen wir den Vertrag an, den Kärger in seiner Schrift: Kleinasien, ein deutsches Kolonisationsfeld,**) als Grundlage deutscher Auswanderung dorthin für wünschenswert aufgestellt hat.

1. Erlaubnis, geschlossene Gemeinden mit eigener möglichst autonomer Gemeindeverwaltung und insbesondere eigener Polizei zu errichten, unbeschadet natürlich der Autorität der höheren Behörden.

---

*] v. Weber: Erweiterung des deutschen Wirtschaftsgebietes ꝛc. Leipzig 1879. S. 59.
**] Berlin 1892. S. 90.

2. Steuerfreiheit der Kolonisten auf 10 Jahre.
3. Nach Ablauf der Freijahre Feststellung eines Pauschquantums, das die Gesammtheit der Kolonisten bezw. für diese die Gesellschaft (er wünscht die Kolonisation von einer Gesellschaft in die Hand genommen zu sehen) an Stelle des Zehnten zuentrichten hätte.

Abgesehen von diesen Zugeständnissen, von denen das erste und dritte zur Vermeidung von Konflikten zwischen den türkischen unteren Behörden und den Kolonisten ganz unerläßlich wäre, bezeichnet er als wünschenswert noch folgende:

4. Unentgeltliche Überlassung größerer zusammenhängender Flächen zur freien Verfügung der Gesellschaft und ohne die Einschränkung des Gesetzes von 1856 (dieses Gesetz von 1856 ist ein Kolonisationsgesetz und besagt unter anderm, daß die Kolonisten türkische Unterthanen werden müssen, dem Sultan den Eid der Treue leisten und sich allen Gesetzen des Landes unterwerfen müssen).
5. Befreiung der Kolonisten von der Militärsteuer auf 10 Jahre.
6. Zollfreie Einfuhr der für die erste Einrichtung der Einwanderer bestimmten Geräte.
7. Erlaubnis zur Ausprägung größerer mit der steigenden Einwanderung wachsenden Summen an Kleingeld.

Letzteres ist uns ohne Erklärung unverständlich. Kärger bezeichnet eine derartige Erlaubnis für wünschenswert, weil die Türkei im Interesse großer Bankhäuser eine zu geringe Ausprägung an kleinen Münzen hat eintreten lassen, so daß es schwer ist, bei Käufen von Waren geringeren Wertes ohne bedeutendes Aufgeld die größeren Münzen gewechselt zu bekommen, wodurch natürlich der kleine Mann bedeutend geschädigt wird.

Ähnlich geartet würden auch Verträge mit den südamerikanischen Republiken gestaltet sein müssen, je nach der Landesverfassung würden allerdings im einzelnen wohl mancherlei Modifikationen nötig sein. Je mehr Zugeständnisse man erreichen könnte, desto besser natürlich. Die Hauptpunkte bleiben aber immer
1. größere geschlossene Ansiedelungsgebiete.
2. Selbstverwaltung der Kolonieen resp. Verwaltung durch die Organe der Kolonisationsgesellschaft und
3. Exemtion von gewissen der Nationalitätserhaltung der Kolonisten hinderlichen und dem Gedeihen der Kolonie schädlichen Staatsgesetzen. Sollte es das Reich erlangen können, selbst gewisse Aufsichtsrechte außer der Überwachung der Verträge zugestanden zu erhalten, desto erfolgreicher würde die Entwicklung sich gestalten können.

Wir sehen, es sind im allgemeinen keine allzu übertriebenen

Forderungen, die in Bezug auf solche Verträge gestellt werden müssen, Forderungen, die ein Staat, dem an Kolonisation seiner Gebiete gelegen ist, und dem das Reich vielleicht noch andere Äquivalente zu bieten vermöchte, (z. B. Garantie seines Besitzstandes anderen Mächten gegenüber) wohl gewähren könnte.

Kein Staat aber würde, ohne seinem Wesen irgendwie untreu zu werden, leichter derartige Konzessionen machen können als die Türkei. Ist schon an und für sich der orientalische Staat ganz anders geartet wie der occidentale, so kommen bei der Türkei noch besondere Umstände hinzu. Schon jetzt genießen einzelne Teile und einzelne Genossenschaften, z. B. Religionsgenossenschaften, eine fast unbeschränkte Selbständigkeit. Die Pflichten des türkischen Staatsbürgers, soweit er nicht National=Türke ist, sind noch weit mehr als bei uns die des Steuerzahlens. Wenn er diese Pflicht erfüllt, gewährt man ihm schon die weitgehendste Unabhängigkeit. Die ewigen Geldverlegenheiten würden wohl die türkische Regierung geneigt machen, eine zahlende und sicher zahlende Bevölkerung aufzunehmen in Gebiete, wo jetzt eben nichts mehr herauszupressen ist, abgesehen davon, was ja vielleicht Deutschland an politischen Gegengarantieen bieten könnte. Es bleibt hier außer Frage, mit welchen Mitteln im einzelnen ein solcher Vertrag abgeschlossen werden könne, aber allzu schwer dürfte es wohl nicht sein, verhältnismäßig recht günstige Bedingungen zu erlangen. Den besten Beweis hierfür liefert uns die Geschichte der letzten Jahrzehnte, den besten Beweis, wie unter geschickter Benutzung der Umstände noch weit mehr zu erreichen wäre. Auf welche Weise ist England in den Besitz von Cypern und Österreich in den von Bosnien gelangt? Wie kam England zu seiner jetzigen Stellung in Ägypten, und wie nahm Frankreich die Besetzung von Tunis vor? Warum sollte es für Deutschland hier schwerer sein, wenigstens koloniale Verträge abschließen zu können?

Betreffs Südamerika liegen die Verhältnisse kaum ungünstiger für den, der entschlossen und zielbewußt vorgeht. Welche Handhaben bieten hier die korrupten Beamtenverhältnisse und die unaufhörlichen Revolutionen! Sollte es hier nicht möglich sein, einmal einen günstigen Vertrag, wenn auch von einer schon wankenden Regierung als Operationsbasis für eventuelle weitere Aktionen erlangen zu können? Die südamerikanischen Staaten, soweit sie für uns in Betracht kommen resp. die herrschende Bevölkerung derselben, haben sehr wohl den Vorteil einer tüchtigen Einwanderung erkannt. Die ganze Bevölkerung einschließlich der Herren der meilenumfassenden Besitzungen zieht das Stadtleben dem Landleben bei weitem vor. An eine Verwertung des Grundbesitzes und an eine Steigerung des

Preises desselben kann aber ohne Einwanderung nicht gedacht werden, und es muß deshalb das mühelose Leben in der Stadt auf manchen Genuß noch verzichten. Wo sollen jene Staaten aber vorläufig Einwanderer hernehmen! Spanien und Portugal können sie nicht stellen, wenigstens nicht in genügender Anzahl. Man suchte sich zu helfen durch Herbeiziehung fremdnationaler Einwanderung und setzte seine Hoffnung auf die übrigen romanischen Länder, man hoffte diese sprachlich verwandte und religiös homogene Bevölkerung sich nach dem Vorgang Nordamerikas leicht assimilieren zu können. Bei der wenig sympathischen germanischen besonders deutschen und schweizerischen Einwanderung suchte man dies zu erreichen, indem man ihre Ansiedelungen mit romanischen durchsetzte.

Von den romanischen Ländern stellte aber Frankreich eine wenig bedeutende Immigration, Italien dagegen eine recht bedeutende, denn zwei Drittel der ganzen italienischen Auswanderung wandte sich in letzter Zeit nach Süd-Amerika. Man machte nun sehr bald die Erfahrung, daß die italienischen Elemente durchaus nicht so geneigt waren, sich zu assimilieren, und daß sie sich viel schwerer als deutsche regieren ließen. Die italienischen Einwanderer hatten nebenbei noch manche recht unangenehme Seite und beeinträchtigten das Monopol der eingeborenen Bevölkerung auf Intriguen und Putsche aller Art nicht unerheblich. Sie hatten aber ferner größtenteils dieselben Neigungen auch darin, daß sie das Stadtleben vorzogen und, mit wenigem zufrieden, das Land unbebaut ließen, also einer Hoffnung auf bessere Verwertung des Grundbesitzes nur in geringem Maße, soweit sie vielleicht nicht gerade aus Norditalien stammten, entsprachen. In Folge dessen zeigt sich schon jetzt nicht nur keine Vorliebe mehr für italienische Einwanderung, sondern im Gegenteil teilweise eine starke Abneigung.

Die Engländer (Iren und Schotten) ziehen es vor, nach ihren eigenen der Besiedelung harrenden Gebieten in Australien, Canada, Kap und den Vereinigten Staaten zu gehen. Es bleiben also nur noch Skandinavier und Deutsche als in Betracht kommend übrig. Die skandinavische Auswanderung, wenn auch bedeutend, wird sich, ohne Organisation wie sie ist, wohl hauptsächlich wie bisher nach Nordamerika und Canada wenden, wo ihr so wie so das Klima mehr zusagt. Es kommt demnach nur noch eigentlich die deutsche Einwanderung in Betracht, die auch am ersten eine Verwertung des Grundbesitzes garantiert, da eben die auswandernden Deutschen meist den Landbau betreiben wollen. Man wird also wohl oder übel mit einer deutschen Einwanderung sich abfinden und sich nicht gar zu schwer einer zielbewußten und geschickten deutschen Politik gegenüber zu derartigen Verträgen herbeilassen.

XII.
Wie kann eine Ablenkung und Konzentration der Auswanderung erfolgen?

Wenn Verträge die Basis bilden, auf der nach unserer Ansicht eine Ablenkung der Auswanderung von Nordamerika und Verwertung derselben in anderen Gebieten stattfinden sollte, so sind sie doch allein noch nicht hinreichend, dies zu bewirken. Es werden zu einer Ablenkung und Konzentration eben noch andere Maßregeln erforderlich sein.

„Der gemäßigte Teil von Südamerika, schreibt Breitenbach,*) ist dasjenige Ländergebiet auf der Erde, welches in Zukunft einen Teil der großen Menschenmassen aufzunehmen hat, die aus Deutschland alljährlich auswandern und welche zu unserem eigenen Nachteil bisher leider fast ausschließlich nach Nordamerika gegangen sind!" Das ist der Hauptsatz, zu dem in den letzten Jahren alle Betrachtungen über die deutsche Auswandererfrage und über die Anlage großer deutscher Ackerbau-Kolonieen geführt haben. Wenn das nun das Endergebnis ist, zu dem fast alle Schriftsteller kommen, die sich mit dieser Frage beschäftigen, und wenn sie alle in dieser Forderung überstimmen, so sind sie fast ebenso einmütig in dem Übergehen der Vorschläge, wie eine solche Ableitung geschehen soll, während sie uns über die eigentliche Arbeit der Kolonisation gewöhnlich hinlänglich Aufschluß geben.

Man stellt sich im allgemeinen doch wohl diese Ablenkung als zu leicht vor. Sie kann erreicht werden, wenn man die entsprechenden Mittel ergreift, aber auch nur dann. Man muß sich hüten, das Beharrungsvermögen der Massen auch in diesem Punkte zu unterschätzen, das können uns die deutschen Ansiedlungen in Posen und Westpreußen lehren. Zwar sind hier hinlängliche Anmeldungen immer eingegangen, aber sollte man nicht meinen, daß gerade hier ein förmliches Sturmlaufen gegen die einzelnen Stellen hätte

---
*) W. Breitenbach: Die deutsche Auswanderung und die Frage der deutschen Kolonisation in Süd-Brasilien in Schmoller's Jahrbuch für Gesetzgebung, Verwaltung und Volkswirtschaft. XI. Jahrgang. Leipzig 1887. S. 242.

eintreten müssen? So zu sagen Garantieen des Staates, Erfordernis geringer Mittel, verhältnismäßig guter Boden, geordnete Verhältnisse und Sicherheit der Besitztitel, eine wenn auch nicht beabsichtigte so doch schon durch die parlamentarischen Verhandlungen und die fortgesetzte Aufmerksamkeit der Presse vorhandene Reklame, alles fand sich hier zusammen, ohne das Unsichere und Gewaltsame einer überseeischen Auswanderung.

Ist das Streben nach Verbesserung seiner Lage der hauptsächlichste Grund, der den Auswanderer treibt, was läßt dann aber unsere deutschen Auswanderer fortgesetzt gerade Nordamerika als Ziel wählen, wo sich die Bedingungen hierfür doch anerkanntermaßen mehr und mehr in Sonderheit für Landwirte verschlechtern? Im Westen der Union*) z. B. müssen mindestens 3000 Mk., meistens 6—7000 Mark und mancherwärts 12—15000 Mark als notwendig zur selbständigen Ansiedelung angesehen werden. Der Hauptgrund, der Nordamerika wählen läßt, ist in dem Beharrungsvermögen der Massen zu suchen. Für das niedere Volk bilden Auswanderer und Amerika eine Gedankenreihe, daß jemand wo anders hin auswandern könne, kommt ihm fast gar nicht in den Sinn; unter Amerika versteht es aber beinahe ausschließlich die Vereinigten Staaten, zur Not noch etwa Canada; das übrige weite Amerika ist ihm so gut wie unbekannt oder wird mit dem Norden identifiziert. Es mag auch die Sicherheit amerikanischer Besitztitel von Einfluß sein, und von nicht zu unterschätzender Bedeutung ist die hohe Entwickelung der Kommunikationsmittel gerade mit diesem Lande, welche bewirken, daß sich die alten Verbindungen auch über dem Meere von Dauer erhalten und den deutschen Auswanderer Nordamerika nicht als ein fremdes Land sondern wie eine Kolonie seiner Rasse und seines Staates ansehen lassen; die Reise dahin erscheint ihm jedenfalls als nicht mehr besonders beschwerlich. Auf alle Fälle verstärkt diese Gründe ganz unverhältnismäßig die Thätigkeit der Agenten. In welchem Maße dies der Fall sein muß, geht daraus hervor, daß im Großherzogtum Hessen**) allein gegenwärtig 4 Hauptagenturen mit 96 Unteragenturen bestehen.

Will man nun eine Ablenkung bewirken, so muß man die Anziehungskraft der Vereinigten Staaten unwirksam machen, entweder, indem man ihr durch Verbesserung der heimischen Er-

---

*) cf. Hasse in Conrads Handwörterbuch der Staatswissenschaften. Bd IV. S. 714

**) v. Philippovich: Auswanderung und Auswanderungspolitik in Deutschland. Leipzig 1892. S. 204.

werbsbedingungen entgegen wirkt, oder, indem man anderswo dieselbe Anziehungskraft hervorruft, oder, indem man diese Anziehungskraft auf irgend eine andere einschneidende Weise bekämpft. Nachdem wir das erstere schon in einem früheren Abschnitte erörtert haben, finden wir in den beiden letzteren Punkten die Wege, auf denen alle Versuche einer Ablenkung, Konzentration und Verwertung unserer Auswanderung durch Kolonisation anzustellen sind. Wenn aber Gefflen**) sagt: „Kolonisation ist also nur eine bestimmte Organisation der Auswanderung sei es durch den Staat, sei es durch Privatunternehmungen. Die Auswanderung Englands ist noch heute eine fortgesetzte Kolonisation, die Irlands und Deutschlands ist ohne Organisation," so hat er klar ausgesprochen, was für uns im gegebenen Zeitpunkt Kolonisationsbestrebungen als den Kernpunkt ansehen müssen. Eine Organisation unserer Auswanderung bedeutet aber nicht nur Kolonisation, sondern sie muß zugleich für eine Ablenkung der Auswanderung von Nordamerika wirken, indem sie für ein anderes Gebiet eine gleiche Anziehungskraft hervorruft und auch durch ihren sonstigen Einfluß diese Anziehungskraft der Vereinigten Staaten unwirksam machen hilft.

Daß eine solche Organisation auf privatem Wege und allein durch die Thätigkeit Privater so gut wie nichts, wenigstens nichts Dauerndes und die Schäden wirklich Heilendes, erreichen könne, hoffen wir zur Genüge dargethan zu haben.

Auch jene englischen Kolonisationssysteme, die uns so häufig als Vorbild hingestellt werden, können nicht als ein solches für eine deutsche Auswanderer-Organisation dienen. Wenn England für einen Meister der Kolonisation mit Recht gilt, so gelten für dasselbe doch ganz andere Voraussetzungen, als wie sie bei uns statt haben. Daß wir trotzdem mancherlei von ihm lernen können, ist ja selbstverständlich. In England hat zuvörderst die Auswanderung überwiegend den Charakter der Transmigration, nur für Transmigration werden auch jetzt dort öffentliche Gelder aufgewendet. England hat sich aber ferner vielmehr wie jedes andere Land zum Industriestaat entwickelt, der Bauern- und Kleinbauernstand ist mehr und mehr verschwunden, sowohl in Folge seiner Agrarverfassung als seiner industriellen und freihändlerischen Entwicklung. Es kann daher dieser Staat, im Verhältnis zur Größe der Kolonieen wenigstens, nur eine ungenügende Auswandererzahl stellen. Einerseits zeigten die städtischen Arbeiter dort ebenso wenig Neigung zur Auswanderung als bei uns, andererseits hatten

---

*) Gefflen, Kolonialzeitung 1888.

sowohl Mutterland wie Kolonie ein starkes Interesse an einer möglichst raschen Kolonisation. Man suchte deshalb durch einen besonderen Anreiz auf die städtischen Arbeiter durch finanzielle Unterstützung die fehlenden Kräfte zu gewinnen. Die an diese Klasse von Arbeitern gewährten Unterstützungen sollten aber zurückgezahlt werden, und so entstanden die Systeme Wakefields u. s. w.

Hasse*) sagt hierüber: „Da die Einbringung dieser Vorschüsse nun dem einzelnen große formelle und sachliche Schwierigkeiten zu machen pflegt, so hat man sich von jeher bemüht, direkt aus der Kolonisation und indirekt aus den Kolonisten sich bezahlt zu machen und zwar durch Steigerung des Wertes des Grund und Bodens, den schon ihre Ankunft und dann ihre Arbeit auf denselben bewirkt. Eine theoretische Entwicklung haben diese Gedanken namentlich in dem System Wakefields gefunden. Nach Wakefield ist das nächstliegendste und beste Objekt zur Deckung des wirtschaftlichen und politischen Kostenaufwandes der Kolonisation der Wert des Grund und Bodens in dem Koloniallande selbst. Er wollte aber nicht nur durch möglichst hohe Verwertung des Bodens die Kosten der Kolonisation decken, sondern auch durch möglichste Steigerung der Landpreise die intensive Entwicklung der Volkswirtschaft begünstigen, die Kapitalzuführung sichern, Arbeitskräfte beschaffen und diese zum Zusammenwirken mit größeren Kapitalkräften veranlassen."

Uns steht aber weder der Grund und Boden großer Kolonieen ohne Entgelt zur Verfügung, noch auch soll unsere Organisation einen besonderen Anreiz zur Auswanderung enthalten. Sie soll vielmehr lediglich eine Zusammenfassung derjenigen Elemente, die zum Verlassen der Heimat sich fest entschlossen haben, zu stande bringen. Gewisse Erleichterungen mögen ja wohl auch bei uns den Auswanderern, die sich nach einem von der Organisationsleitung erwünschtem Ziele begeben, zu Teil werden, und es wird dies sogar notwendig sein. Aber diese Erleichterungen dürfen nur so weit gehen als dadurch eine Ablenkung der Auswanderung von Nordamerika erreicht werden soll, sie dürfen nicht einen Antrieb zur Auswanderung selbst enthalten.

Was nun die Erreichung unseres Zieles auf dem Wege der Gesetzgebung anbetrifft, so sind als mehr oder weniger nachahmenswert vielfach die gesetzlichen Vorschriften Englands, der Schweiz und Italiens sowie Belgiens angesehen worden. Für uns haben die diesbezüglichen Gesetze jener Länder als Muster einer gesetzlichen

---

*) Handwörterbuch der Staatswissenschaften. Band IV. Leipzig 1892. S. 712.

Regelung dieser Materie nur einen sehr bedingten Wert. England kann uns nicht als Vorbild dienen, weil seine Auswanderung zum großen Teil eine anders geartete ist als die deutsche, und dasselbe die Möglichkeit einer Verwertung derselben in eigenen Kolonieen besitzt. Was die Schweiz und Belgien anbetrifft, so können wir auch bei ihnen nicht viel suchen, da sie eben andere Zwecke verfolgen und in Rücksicht auf ihre national gemischte Bevölkerung wohl auch verfolgen müssen, als wir sie für uns als erstrebenswert bezeichnet haben. Ihr Ziel ist eben kein nationales, sondern bezweckt nur ein wirtschaftliches Gedeihen der Auswanderung in dem Lande ihrer Wahl. Man sucht dieselbe vor Ausbeutung aller Art zu schützen und durch Auskunftsstellen zu bewirken, daß sie sich nach Ländern wendet, wo sie günstige Bedingungen für sich vorfindet. Am meisten können wir noch von dem Vorgehen Italiens lernen. Sein Auswanderungsgesetz ist zwar dem schweizerischen nachgebildet, aber seine Sorge für nationale Schulen und die Nationalerhaltung der Auswanderung überhaupt ist eine weitgehende und anerkennenswerte. Allen diesen Gesetzgebungen ist gemeinsam, daß sie die Sorge für einen gesundheitsgemäßen Transport sowie den Schutz vor Ausbeutung aller Art in den Vordergrund stellen.

Ein gewichtiger Punkt des Auswanderungswesens, wo jede Lösung der Frage mit einzusetzen hat, ist das Agentenwesen. Diesbezüglich sagt v. Philippovich*): „Das Problem, um das es sich bei dem Agentenwesen handelt, ist vielmehr das, wie die Thätigkeit der Agenten auf die reine Transportvermittelung beschränkt und ihre Einwirkung auf das Fassen des Auswandererentschlusses möglichst unschädlich gemacht werden könnte." Dies Problem wird besonders im schweizerischen und italienischen Gesetz durch sehr scharfe Bestimmungen zu lösen gesucht.**) Das schweizerische Gesetz vom 22. März 1888 bestimmt, daß der Geschäftsverkehr mit den Auswanderern nur durch Agenten beziehungsweise Unteragenten vermittelt werde. Diese haben ein Patent nachzusuchen und 40 000 Frank Kaution zu hinterlegen, die Unteragenten eine solche von 3000 Frank. Die Auswanderungsagenten und ihre Unteragenten dürfen weder in einem Dienst- noch in irgend einem Abhängigkeitsverhältnisse zu einer überseeischen Dampfschiff- oder Eisenbahnunternehmung stehen. Artikel 7

---
*) Auswanderung und Auswanderungspolitik in Deutschland. Einleitung S. XXVII.
**) cf. Bodemeyer: Das Auswanderungswesen in der Schweiz, in Belgien, England und Deutschland nach offiziellen Schriftenmaterial. Berlin 1892. S. 49 ff.

bestimmt: Die Agenten sind sowohl gegenüber den Behörden, als gegenüber den Auswanderern für ihre eigene Geschäftsführung und die ihrer Unteragenten, sowie für diejenige ihrer Vertreter im Auslande persönlich verantwortlich. Artikel 9. Die Agenten und Unteragenten haben eine eingebundene und paginierte Kontrole über ihre Vertragsabschlüsse und gebundene und paginierte Kopierbücher über ihre Korrespondenzen zu führen. Erstere sind verpflichtet, dem Bundesrate alle von ihnen über diese Verträge, sowie über ihr Verhältnis zu den fremden Schiffsgesellschaften verlangten Mitteilungen zu machen. Überdies ist der Bundesrat, sowie die zuständige kantonale Behörde, jederzeit zur Einsicht in die Geschäftskontrole und in alle Bücher und Skripturen der Agenten und Unteragenten berechtigt. Dieselben sind verpflichtet, den Polizeibehörden allen von diesen verlangten Aufschluß behufs Fahndung auf Verbrechen zu erteilen. Artikel 10. Personen, Gesellschaften oder Agenturen, welche in irgend einer Eigenschaft ein Kolonisationsunternehmen vertreten, haben dies dem Bundesrate anzuzeigen und ihm über das Unternehmen vollständigen Aufschluß zu geben. Dem Bundesrate steht in jedem einzelnen Falle die Entscheidung darüber zu, ob und unter welchen Bedingungen Privaten, Gesellschaften oder Agenturen gestattet werden kann, ein Kolonisationsunternehmen zu vertreten. Artikel 24 bestimmt außerdem, daß dem Bundesrat die Berechtigung zusteht, zu verbieten: 1. Annoncen in öffentlichen Blättern oder andere Publikationen jeder Art, welche geeignet sind, Personen, die auswandern wollen, in Irrtum zu führen; 2. die Benutzung von Transportgelegenheiten, welche den Bestimmungen dieses Gesetzes nicht entsprechen oder zu begründeten Klagen Anlaß geben.

Wir haben gesagt, daß uns jene Gesetze eigentlich keine Vorbilder sein können, sie können uns aber den Weg zeigen, auf dem eine Lösung der Frage, die wir auch für jene Staaten als noch nicht gelöst ansehen, möglich sein dürfte. Denn mögen die Gesetze über das Agentenwesen noch so streng sein, eine Übertretung derselben liegt immer nahe, und ein Umgehen derselben wird immer versucht werden, denn der Agent ist und bleibt ein Geschäftsmann, er muß seinen Privatvorteil suchen, es würde daran auch eine Bestimmung, wie sie vom Reichskommissar für das Auswanderungswesen als wünschenswert bezeichnet worden ist, nämlich, daß der Auswanderer weder dem Unteragenten noch Agenten eine Vergütung für Vermittelung oder aus andern Gründen schulde, ändern können, sondern leicht gerade das Gegenteil bewirken. Den Weg aber, der zu beschreiten ist, finden wir in diesen Gesetzen in sofern angedeutet, als durch die scharfen Bestimmungen bezüglich des Agentenwesens bedeutende Eingriffe in die Sphäre der Geschäftsfreiheit gemacht werden. Wir finden ihn ferner darin angedeutet, daß jene Gesetze staatliche Auskunftsstellen einrichten, und meinen daher, daß wenigstens für uns eine Lösung der Auswandererfrage durch Verstaatlichung des ganzen Auswanderungswesens wünschenswert und nur auf diesem Wege als möglich zu erwarten sei. Es deucht uns kein großer Schritt von jenem weitgehenden Eingreifen des Staates und der Errichtung eines staatlichen Auskunftsbureaus bis zu einer gänzlichen Verstaatlichung des Auswanderungswesens zu sein. Die Verhältnisse liegen unseres Erachtens hierbei ähnlich wie bei einer Verstaatlichung des Eisenbahnwesens. Wie überall die Staaten sich auf die Eisenbahnverwaltung einen gewaltigen Einfluß zu sichern für nötig hielten, so auch hier. Wie aber dort die Verstaatlichung nur eine Consequenz war und nicht sehr viel Neues bot, so ist es auch bei dem Auswanderungswesen.

Die Thätigkeit des Staates hat sich in Deutschland auf dem Gebiete des Versicherungswesens und der Fürsorge für den einzelnen gewaltig ausgedehnt, in einer Weise, wie es früher für unmöglich gehalten wurde. Er sorgt für Verunglückte und sammelt für ganze Klassen der Bevölkerung einen Notpfennig für das Alter, warum sollte er nicht für die überschüssigen Volkskräfte, denen das Vaterland keinen Raum mehr bietet, selbstthätig eingreifen?

XIII.
Umfang der Verstaatlichung des Auswanderungswesens und sonstige zu ergreifende Maßregeln.

Wenn wir nun hoffen, durch eine Verstaatlichung des Auswanderungswesens unser Ziel zu erreichen, so handelt es sich jedoch ferner darum, festzustellen, in welchem Umfange dieselbe eintreten soll, und welche damit Hand in Hand gehenden Einrichtungen und Gesetze wünschenswert sind.

Das Gebiet des Auswanderungswesens und der Kolonisation zerfällt naturgemäß
    1. in Auskunftserteilung,
    2. Beförderung der Auswanderung,
    3. Ansiedelung.

Eine Verstaatlichung aller dieser Zweige scheint uns prinzipiell geboten, ein staatliches selbstthätiges Eingreifen aber nur da am Platze, wo davon eine größere Förderung zu erwarten ist, wo dies nicht der Fall ist, aber eine Beschränkung staatlicher Thätigkeit auf ausgiebigen Schutz und scharfe Aufsichtsübung.

Zur Auskunftserteilung wünschen wir Errichtung eines staatlichen Amtes. Es kann natürlich Niemandem verboten werden, sich anderswo Rat zu holen und sich Aufklärung zu verschaffen, aber der Staat besitzt Mittel, eine Auskunftsstelle einzurichten, die an Sicherheit und Ausgiebigkeit der Aufklärung außer aller Konkurrenz steht. Derartige Bureaus sind schon jetzt in England, Belgien und der Schweiz mit Erfolg eingerichtet worden.

Die Beförderung anlangend, zerfällt dieselbe in Vermittelung der Beförderung und die eigentliche Beförderung. Die Vermittelung der Beförderung wünschen wir ausschließlich staatlichen Beamten und Behörden übertragen zu sehen. Jannasch*) meint, der Verkauf von Billetten und Besorgung von Durchfrachten ꝛc. sei nichts weiter, als eine Frage der Organisation des Verkehrs und eine Berechnungsfrage, die vom Staate um so leichter gelöst werden könne, wenn er sich selbst, wie in Deutschland, im Besitz der binnenländischen Verkehrsanstalten befinde. „Wird der Verkauf der Billets in großen Verkehrscentren von den staatlichen Verkehrsanstalten selbst übernommen, so liegt nicht die mindeste Veranlassung zu einer vermittelnden Thätigkeit der Agenten vor. Glaubt die staatliche Verkehrsverwaltung aber aus irgend welchen administrativen Gründen von einer solchen Organisation Abstand nehmen zu sollen, so mögen in 20 bis 30 Hauptplätzen Deutschlands Auswanderungsämter im Anschluß an andere Behörden errichtet werden, welchen unter Leitung einer Kontrole der Verkauf der Auswandererbillets und somit die Feststellung geeigneter Auswanderungsrouten ausschließlich zusteht." Auswanderungsämter sind allerdings vorzuziehen, nicht aber aus Gründen der Verkehrsadministration, sondern aus solchen der Organisation und Leitung der Auswanderung, denn nicht durch staatlichen Billetverkauf werden die Agenten überflüssig, sondern die Hauptthätigkeit derselben ist das Auskunftgeben und wenn 20—30 Auswanderungsämter geschaffen werden, die nur Billette verkaufen, so fehlt dieser Einrichtung die Hauptsache, die Thätigkeit der Belehrung und der Einwirkung, wie sie durch die Agenten geschieht. Es würden wohl bald nur Ämter sein, die die

---

*) Roscher-Jannasch: Kolonien, Kolonialpolitik und Auswanderung. Leipzig 1885. Seite 394.

Aufträge privater Agenten vermittelten und aller privaten Verlockung freien Spielraum ließen. Kurz, das Agentenwesen würde im Dunkeln weiter wuchern. Wir werden später noch sehen, wie der Verkauf der Fahrkarten und die Ersetzung der Thätigkeit der Agenten durch staatliche Beamte geschehen müßte, es genügt vorläufig auszusprechen, daß wir diese Thätigkeit dem Staate direkt vorbehalten sehen möchten.

Der Staat ist nun zwar zum größten Teil im Besitz der binnenländischen Verkehrsmittel und kann hier volle Garantieen für eine sachgemäße Beförderung der Auswanderung tragen, anders verhält es sich aber mit der Überseebeförderung. Jannasch weist darauf hin, daß durch eigene, in Folge des Auswandererverkehrs rentierende Dampferlinien der Staat, bezw. das Reich, einen durchgreifenden Einfluß auf die Richtung und die Ziele des Auswandererstromes auszuüben vermag und im Stande sein wird, durch neue Dampferlinien und Auswanderungsrouten, durch Preis- und Frachtermäßigung, Durchfrachten und andere Verkehrsvergünstigungen die Auswanderung nach denjenigen Ländern zu richten, in welchen durch Aufnahme derselben eine solche Bevorzugung und Häufung des deutschen Elementes im Interesse deutscher Kultur- und Handelspolitik wünschenswert erscheint. Einer direkten Einrichtung staatlicher Dampferlinien würden wir aber nicht das Wort reden, obwohl ja hierfür genug Gründe beigebracht werden können. Es läßt sich durch Verträge mit den bestehenden Schifffahrtsgesellschaften dasselbe Resultat erreichen.

Die beiden großen derartigen deutschen Unternehmen, der Norddeutsche Lloyd in Bremen und die Hamburg-Amerikanische Packetfahrt-Aktien-Gesellschaft in Hamburg verdanken ihre Rentabilität zum nicht geringen Teil der Beförderung der Auswanderung nach Nordamerika, sie haben also ein bedeutendes Interesse an dieser selbst und an ihrer Richtung zu nehmen. Da nun aber beide Gesellschaften schon jetzt auch Linien nach Südamerika (Rio de Janeiro, Montevideo) unterhalten, so würde ihnen an und für sich kein Nachteil erwachsen, wenn der Auswandererstrom statt jetzt nach Nordamerika nach Südamerika gelenkt würde. Die Linien, die nach Nordamerika bestehen, würden, da der Verkehr zwischen Nordamerika und Deutschland im Wachsen begriffen ist, sich auch so noch rentabel erweisen, zumal ja die Zahl der Kajütenpassagiere hier in bedeutendem Aufschwung begriffen ist. Wohl aber würde eine Schädigung bei Einrichtung einer neuen staatlichen Linie sehr fühlbar werden. Würde der Staat sich die Erfahrungen jener Gesellschaften zu Nutzen machen und eventuell für die bezüg-

lichen Linien eine Subvention zahlen, so würde er nicht nur sich
alle möglichen Vorteile für Beförderung seiner Auswanderung sichern
und alle Nachteile eigener Linien vermeiden können, sondern auch
ohne Zweifel die deutschen Gesellschaften durch gleich hohe Einnahmen aus dem Auswanderertransport und durch die eventuelle Subvention in der Lage sein, besseres und schnelleres Schiffsmaterial
als dies bis jetzt, nach Südamerika wenigstens, der Fall ist, einzustellen und eine bessere und häufigere Verbindung als seither eintreten zu lassen.

Dadurch würden die englischen und französischen Linien wie
Royal-Mail-Steam-Compagny und Compagnie des Mesageries
Maritimes den Vorsprung, den sie jetzt durch besseres Schiffsmaterial und ihre häufigere und zeitlich bestimmtere Fahrt haben, einbüßen d. h. der deutsche Handel würde dort von entscheidenderem
Einfluß werden und damit das Band zwischen Mutterland und
Kolonie ein festeres. Hierbei brauchte eine Subvention noch lange
nicht die Höhe zu haben, die die englischen und französischen Gesellschaften beziehen. Der Staat würde aber gleichzeitig dem bedeutenden in jenen Gesellschaften angelegten Kapital gegenüber sich
nicht in einer gegensätzlichen Stellung befinden, sondern vielmehr
auch dieses an den kolonialen Unternehmungen interessieren.

Auch das Geschäft der eigentlichen Ansiedelung möchten wir
nicht durch den Staat selbst besorgt sehen, sondern ihm nur eine
strenge Beaufsichtigung zuweisen. Staatliche Organe würden doch
zu leicht dazu kommen können zu reglementieren und so eher hemmend als fördernd zu wirken. Wenn dies aber seither ein Haupthemmnis französischer kolonialer Unternehmungen war, so haben
auch die deutschen Beamten weder in Ostafrika noch in Kamerun
den strikten Beweis geliefert, daß sie weitsichtiger seien.

Betreffs der Ansiedelungs-Kommission für Posen und Westpreußen liegen die Verhältnisse im wesentlichen anders und kann
dieselbe zum Gegenbeweise nicht herangezogen werden, aber alle
von den amerikanischen Regierungen direkt unternommenen derartigen Unternehmungen sind mehr oder weniger als gescheitert anzusehen. Es spielen hier allerdings Verhältnisse mit (z. B. in Südamerika Untreue der Beamten), die bei uns so gut wie nicht in
Betracht kämen, aber wo sollte der Staat auf einmal genügend erfahrenes Beamtenpersonal her bekommen? Es haftet staatlicher Kolonisation jeder Nachteil einer staatlichen privat-ökonomischen Thätigkeit
an. Zudem würde direkte staatliche Thätigkeit viel schwerer Konflikte
mit der einheimischen Regierung vermeiden können.

Die eigentliche Ansiedelung würde am besten durch Kolonifationsgesellschaften bewirkt werden. Der Staat hätte dabei sein Augenmerk darauf zu richten, daß diese Gesellschaften eben nicht blos Landspekulanten-Gesellschaften sind, sondern wirkliche Kolonisations-Gesellschaften, d. h. solche, auf welche die Definition Hübbe-Schleidens *) paßt: „Kolonisations-Gesellschaften sind alle diejenigen privaten Organisationen eines Volkes, welche auf Verwendung von Arbeitskräften derselben Nationalität oder doch derselben Rasse zu einer Kulturarbeit abzielen, bei welcher die Aneignung eines neuen Bodens durch dauernde Ansiedelung solcher Arbeitskräfte geschieht."

Schon jetzt besteht eine Anzahl derartiger deutscher Gesellschaften. Die wichtigsten sind: Der Hermann und die Hamburger Kolonisations-Gesellschaft von 1849 für Südbrasilien und die Leipziger Kolonisationsgesellschaft für Paraguay. Ein großer Teil der englischen Kolonisation geht von solchen Gesellschaften aus. Wir verkennen nicht, daß derartige Unternehmungen auch oft gescheitert sind, aber dann beruhte der Mißerfolg auf Unkenntnis der Verhältnisse oder ungenügender finanzieller Fundierung. Daß richtig geleitete Gesellschaften auch finanzielle Erfolge erzielen, geht aus folgender Tabelle hervor, die wir dem Werke Hübbe-Schleidens **) entnehmen:

---

*) Hübbe-Schleiden: Überseeische Politik. Teil II. Seite 102. Hamburg 1888.
**) Ebenda, Teil II, S. 161.

Rentabilität überseeischer Landgesellschaften.

Namen der Gesellschaft.	Australian-Agricultural-Company.	British-American-Land-Comp. lim.	Natal-Land and Colonisation-Comp. lim.	Central-Argentinian-Land-Comp. lim.	New-Seeland-Agricultural-Land-Comp. lim.	Land-Gesellschaft Teutonia
Jahre der Gründung.	1824.	1834.	1860.	1870.	1879.	1860.
Einheiten.	Pfund Sterl.	Pfund Sterl.	Pfund Sterl.	Pfund Sterl.	Pfund Sterl.	Milreis.
Kapital, veranlagt ..	500 000	300 000	1 000 000	130 000	1 000 000	120 000
„ angenommen	—	—	545 000	107 445	651 980	156 000
„ eingezahlt ..	430 000	200 093	54 500	110 101	471 775	156 000
Aktien, Vollbetrag ..	25	50	10	1	20	11 000
„ eingezahlt ..	21	35 ³/₄	1	1	14	15 000
Jahresgewinn ca. ..	25 000	6 500	15 691	11 395	33 000	8 691
Reservefonds usw...	?	31 070	?	64 621	3 000	?
Dividenden 1880 ..	5 Proz.	3 ¹/₂ Proz.	10 Proz.	10 Proz.	7 Proz.	6 Proz.

Wenn sich aber auch hier das deutsche Kapital zu keinem energischen, mutigen Vorgehen entschließen könnte, warum sollte da nicht das Reich eine Zinsengarantie übernehmen, wenn es Zinsengarantieen für eine ausländische Gesellschaft in unseren jetzigen Schutzgebieten übernommen hat? Würde es doch sicher noch viel gerechtfertigter sein, einer in einem so eminent nationalen Interesse thätigen Gesellschaft diese Vergünstigung zu Teil werden zu lassen.

Soll aber eine wirklich planvolle Leitung der Auswanderung und Kolonisation möglich werden, so ist es unumgänglich nötig, daß die kolonialen Unternehmungen konzentriert werden, daß alle Kolonisationsgesellschaften verschmolzen werden zu einer, resp. ihre Thätigkeit auf einen Punkt konzentriert wird. Es ist fraglich, ob sich eine Verschmelzung so leicht machen würde, aber einer Pression könnte man sicher nicht ohne Erfolg sich bedienen. Könnte man nicht die Konzessionierung von besonderen Bedingungen z. B. der Arbeit in einem bestimmten Gebiet abhängig machen? Ohne Zweifel würde keine der jetzt bestehenden Gesellschaften allein leistungsfähig genug sein, größeren Anforderungen, wie sie gestellt werden müßten, zu genügen, jedenfalls würden es alle zusammen nicht sein. Es müßte demnach wohl zur Gründung einer neuen Gesellschaft geschritten werden, die, alle schon bestehenden in sich aufnehmend, mit deren Grundstock von Erfahrungen beginnend, finanziell auf das beste fundiert und eventuell vom Reich garantiert wäre. Geschieht eine Zusammenfassung zum mindesten bezüglich des Arbeitsgebietes nicht, so ist keine planvolle Kolonisation möglich, und die Kräfte zersplittern sich nach wie vor, wie sie sich auch in Nordamerika und überall in der Welt zersplittert haben; alle sonstige staatliche Fürsorge ist umsonst gewesen und wir können keine Früchte ernten. Eine große centrale Kolonisationsgesellschaft aber, gewissermaßen mit privilegierter Stellung, würde im stande sein, sowohl die eigentliche Ansiedelung wirksam zu leiten und erfolgreich zu gestalten als auch ein Hauptmoment zur Ableitung zu bieten, indem sie im eigensten Interesse Bedingungen schaffen hülfe, die ein Gleichgewicht für die Anlockungen Nordamerikas darstellen würden. Wohlbefinden der Kolonisten ist naturgemäß die beste Propaganda für das in Aussicht genommene Gebiet.

Welche Kolonisationstechnik die Gesellschaft im einzelnen verfolgen soll, kann unerörtert bleiben. Es ist eine Sache der internen Geschäftsführung, ob sie nur gegen bar oder auf Rente die Ansiedlerstellen überlassen will; die Thätigkeit des Staates wird dabei darauf ihr Augenmerk richten müssen, daß die Landverkäufe nur mit einem entsprechenden Nutzen vor sich gehen, und die Gesellschaft mit den von ihr erworbenen Ländereien keine Spekulation treibt; durch öffentliche Versteigerung bei Festsetzung eines Minimalpreises staatlicherseits dürfte dem am besten vorzubeugen sein. Wenn uns übrigens in vieler Beziehung eine Unterstützung der Kolonisation seitens des Reiches als unumgänglich notwendig erscheint, so möchten wir uns um so ablehnender gegen irgend welche finanzielle Unterstützung seitens des Einwandererstaates verhalten. Solche Unterstützungen werden von den südamerikanischen Regierungen besonders Brasilien gern gewährt. Würde aber dergleichen angenommen, so würde natürlich auch schon von vornherein ein sich später immer weiter ausdehnendes Aufsichtsrecht in Anspruch genommen werden. Wir glauben aus diesem Grunde von der Annahme aller derartigen Prämieen und Unterstützungen absehen zu müssen; das einzige, was wir zu erhalten wünschen und unbedingt zu erhalten suchen müssen seitens der betreffenden Regierungen oder durch ihre Vermittelung, wären unentgeltliche oder doch zu mäßigem Preise berechnete zusammenhängende Ländereien.

Bei einer vom Staate zu übernehmenden Leitung der Auswanderung und geplanten Kolonisation kommt es nun aber auch darauf an, festzustellen, in wiefern derselbe neben dem Schutze und die Führung der Auswanderung, derselben Erleichterungen und Vergünstigungen gewähren und die Kolonisation unterstützen soll. Hasse[*] schreibt: „Die Formen, in denen sich eine Unterstützung bewegen kann und in der That in den australischen Kolonieen Englands ebenso wie in Brasilien und Argentinien bewegt hat, sind im wesentlichen die folgenden: Zuschuß zu der Passage der Kolonisten von Europa oder Beförderung derselben ganz auf Staatskosten; kostenfreie Ausschiffung, Beförderung und Ernährung derselben im Koloniallande bis zum Orte der Ansiedelung; Befreiung der Kolonisten von direkten Staats- und Provinzialsteuern für eine Reihe von Jahren; Zuschuß zum Schul- und Kirchenwesen, Besoldung von Lehrern und Pfarrern; Zuschuß zu den erforderlichen Bauten für Regierung, Munizipalverwaltung, Schulen und Kirchen, Anlegung von Brücken, Straßen, Eisenbahnen und anderen Verkehrsmitteln, um das Besiedelungsgebiet zugänglich zu machen."

Wie wir uns zu der Frage, ob Zuschuß zu der Passage der Kolonisten von Europa oder Beförderung derselben ganz auf Staatskosten, kostenfreie Ausschiffung, Beförderung und Ernährung derselben im Koloniallande bis zum Orte der Ansiedelung zu gewähren sei, stellen,

---

[*] Hasse in Conrads Handwörterbuch der Staatswissenschaften. Bd. IV. Artikel Kolonieen und Kolonialpolitik. Leipzig 1892. S. 711 f.

geht aus unseren früheren Ausführungen zur Genüge hervor. Daß dies wirksame Mittel seien, eine Ableitung von Nordamerika zu bewirken, ist unzweifelhaft, es würde aber eine derartige Unterstützung die Zahl der Auswanderer ungeheuer verstärken, während uns vorläufig eine Beschränkung derselben als wünschenswert erscheint. Wollte man die Kosten der Beförderung nur als Vorschüsse behandeln, so haben damit englische Kolonisationsunternehmungen schon recht schlimme Erfahrungen gemacht, die Kolonisten zerstreuten sich am Ziele angekommen oft schon nach ganz kurzer Zeit, ohne die geringste Lust zu zeigen, ihre Schuld abzutragen. Möglich sind derartige Vorschüsse nur, wenn die Kolonisten durch irgend welche geographische oder ethnographische Beschaffenheit des neuen Landes zum Zusammenhalten absolut gezwungen sind.

Wohl aber muß eine Verpflegung bis zum Ansiedelungsorte resp. für die erste Zeit der Ankunft vorgesehen werden, aber es empfiehlt sich auch hier, eine entsprechende Vergütung zu fordern. Möchte dieselbe beim Überfahrtspreis gleich mit eingerechnet oder durch eine hinterlegte Kaution, wenn der Auswanderer erst drüben den Platz zur Ansiedelung sich erwählt, gedeckt werden.

"Befreiung der Kolonisten von direkten Staats- und Provinzialsteuern für eine Reihe von Jahren" würde durch die abgeschlossenen Staatsverträge erlangt werden.

"Zuschuß zum Schul- und Kirchenwesen, Besoldung von Lehrern und Pfarrern, Zuschuß zu den erforderlichen Bauten für Regierung, Munizipalverwaltung, Schulen und Kirchen" dienen einer Ableitung der Auswanderung, Verminderung der Anziehungskraft Nordamerikas und der Nationalerhaltung. Sie bedeuten demnach eine Förderung der Kolonisation überhaupt, nicht des einzelnen Kolonisten und erscheinen uns nötig. Besonders in der Gründung von Schulen liegt der Schwerpunkt der Nationalerhaltung. Wir wollen zwar nicht, daß dem Kolonisten alle Schwierigkeiten und Mühen erspart werden, denn es würde dadurch keine energische und selbstbewußte Kolonialbevölkerung sich bilden können, aber erklärlicherweise würde der Kolonist für solche Einrichtungen wenigstens im Anfang, wo sie vielleicht am allernötigsten sind, nichts thun können. Auch der Kirche müßte eine besondere Sorgfalt zu Teil werden, denn so weit die deutschen Ansiedler Katholiken wären, würden sie sich der schon vorhandenen, wenigstens in Südamerika schon vorhandenen, Organisation ihrer Kirche anschließen. Priester fremder Nationalität würden einen bedeutenden Einfluß gewinnen, dadurch würde aber der von der katholischen Kirche so wie so schon dem Deutschtum gegenüber an allen Orten geübte bekämpfende Einfluß nur noch verstärkt werden. Nicht weniger wäre für die Angehörigen der evangelischen Konfession eine derartige Fürsorge wünschenswert. Gerade das ausgesprochene evangelische Bewußtsein hat stets am meisten dazu beigetragen, die Deutschen im Auslande auch ihrer nationalen Eigentümlichkeiten sich bewußt zu erhalten.

„Was die Anlegung von Brücken, Straßen, Eisenbahnen und anderen Verkehrsmitteln, um das Besiedelungsgebiet zugänglich zu machen," anbetrifft, so möchten wir den Bau von Brücken, Straßen 2c. möglichst den Kolonisten selbst überlassen wissen, damit ihr Selbstgefühl und ihr Gemeingeist erstarke, wie überhaupt alles vermieden werden müßte, was zu sehr an die gewohnte Fürsorge der heimischen Verwaltung erinnert. Der Kolonist muß sich sein Gebiet selbst erobern, er kann dabei allerdings beraten und auf die richtigen Wege geführt werden. Der Bau von Eisenbahnen würde ebenfalls am besten nicht durch den Staat geschehen. Kann auch der Kolonist nicht selbst Bahnen bauen, so ist darin ein Mittel, das heimische Kapital zu interessieren, gegeben, und der Staat kann sich darauf beschränken, Gesellschaften zur Anlage zu veranlassen. Am zweckmäßigsten dürfte es aber sein, den Bau von Eisenbahnen der Kolonialgesellschaft vorzubehalten, was um so vorteilhafter für dieselbe sein würde, als ja noch immer gern die amerikanischen Staaten weite Länderstrecken entlang der Trace den bahnbauenden Gesellschaften zu überlassen pflegen.

Es ist hinlänglich bekannt, daß eine Kolonie nur gedeiht, wenn sie neben genügenden Arbeitskräften (günstige Bodenbeschaffenheit und günstiges Klima vorausgesetzt), auch einen hinlänglichen Zufluß von Kapitalien erhält. Durch das Überlassen der Dampferlinien und des Eisenbahnbaues sowie des Werkes der eigentlichen Ansiedelung an private Gesellschaften glauben wir eine ausreichende Interessierung deutschen Kapitales zu erreichen. Im Gefolge dieser so angelegten Kapitalien würden andere, Anlage suchend, der Kolonie zufließen. Zur Regelung des Geld-Zu- und Abflusses würde aber die Gründung einer Kolonialbank notwendig sein. Ein deutsch-brasilianisches Bankunternehmen besteht zwar schon in Rio de Janeiro. Es fragt sich aber mit Recht, ob dieses Unternehmen unseren Zwecken voll sich dienstbar machen ließe. Es würde sich vielleicht empfehlen, ein ähnliches Institut wie die Reichsbank als Kolonialbank zu schaffen. Dadurch würden die Ansiedler sowohl, wie auch der ihnen folgende deutsche Handel vom Auslande, besonders England, unabhängig gestellt werden. Bankinstitute sind anerkanntermaßen die Hauptförderungsmittel nicht nur des englischen Handels, sondern auch englischer Kolonisation und Kultivation. Es würde auf diese Weise für uns eine Monopolisierung des Handels, des Verkehrs, des Bergbaues ꝛc. für lange Zeit sich ermöglichen lassen, und daraus ein dauernder Nutzen für das Mutterland erwachsen. Je mehr bei den kolonialen Unternehmungen deutsches Kapital interessiert würde, und eine Anlage dabei fände, desto stärker und kräftiger würde es für Aufrechterhaltung der ökonomischen Wechselbeziehungen sorgen. Alles aber, was zur Herstellung des wirtschaftlichen Connexes beiträgt, muß auch ohne staatlichen Zusammenhang zur Aufrechterhaltung und Stärkung des Gefühles nationaler Zusammengehörigkeit dienen.

Um die staatliche Wirksamkeit sowohl in der Auskunftserteilung als auch Beförderung der Auswanderung und Unterstützung der Kolonisation erst recht wirksam zu machen und ihre Thätigkeit in der Ablenkung der Auswanderung von Nordamerika zu stärken, scheint es mir nötig, die Auswanderung nach anderen Gebieten von einem Erlaubnisschein; auch für nicht Wehrpflichtige, abhängig zu machen, resp. ein Abzugsgeld zu erheben. Es ist nicht anzunehmen, daß es möglich sei, eine Auswanderung dadurch zu verhindern, ich kann aber auch einen so verwerflichen Eingriff in die Sphäre der persönlichen Freiheit darin nicht erblicken; die Rechtfertigung eines Abzugsgeldes scheint mir mit allen früher dafür vorgebrachten Gründen auch heute noch genügend dargethan zu sein. Wenn man aber meint, ein Verbot sei wirkungslos und daher überflüssig, so scheint dem doch die Erfahrung zu widersprechen. Vielfach wird die nur geringe deutsche Auswanderung nach Brasilien ja direkt auf das v. b. Heydt'sche Restript zurückgeführt und eine endliche Aufhebung desselben verlangt, häufig von denselben Schriftstellern, die vorher auseinander gesetzt haben, daß mit Verboten ꝛc. nichts zur Konzentrierung der Auswanderung beigetragen werden könne. Möchten auch Verbot und Abzugsgeld nicht direkt allzu einflußreich sein, so würden sie doch gewissermaßen eine moralische Wirkung haben müssen, nämlich die, jene, die sie außer Acht lassen würden, ins Unrecht zu setzen. Sie würden aber zum mindesten auch die Bevölkerung auf das staatlicherseits erwählte Gebiet aufmerksam machen, und sich hierdurch in Verbindung mit den andern vorgeschlagenen Maßregeln sehr bald die Überzeugung und das Bewußtsein befestigen, daß man mit dem Verlassen der Heimat die nationalen Bande nicht zerschnitten habe. So lange und wo die Fürsorge und der Schutz des Reiches merklich fühlbar ist, wird aber auch der deutsche Auswanderer nicht darauf kommen, fremdes Wesen für besser als die heimische Art zu halten.

Für jene aber, die trotz der weitgehendsten Sorge des Reiches sich derselben starrsinnig entziehen wollten, für die könnte wohl von jeder Verpflichtung und Fürsorge zu Gunsten hoher nationaler Ziele füglich abgesehen werden. Was würde es angesichts dessen wohl bedeuten, wenn diese Auswanderer über Havre, Antwerpen, Rotterdam oder Triest ihren Weg nehmend, der deutschen Rhederei das Überfahrtsgeld entzögen!

XIV.
Beamtenorganisation zum Schutz und zur Pflege der Auswanderung.

Es würde demnach eine Verstaatlichung sich hauptsächlich auf das Gebiet der Auskunftserteilung und der Beförderung der Auswanderung erstrecken, im übrigen aber sich im ganzen auf eine scharfe Beaufsichtigung der einzelnen getroffenen Vorkehrungen, sowie der Innehaltung der aufgestellten Leitsätze beschränken müssen. Zur Durchführung dieser Aufgabe würde die Schaffung eines Beamten- und Verwaltungsapparates nötig sein. Wir denken uns denselben und die Verteilung der Geschäfte etwa folgendermaßen:

Es müßte zuerst ein centrales Kolonialamt des Reiches geschaffen werden, und zwar ließe sich die Kolonialabteilung des auswärtigen Amtes dazu erweitern, die ja doch wenigstens auf einem Gebiet, der Kultivation, schon Erfahrung besitzt. Diesem Amte müßte das gesamte Auswanderungswesen unterstellt werden, während jetzt der Kommissar für das Auswanderungswesen noch dem Reichsamt des Innern untergeordnet ist. Es würde aber eine weitere Gliederung des Centralamtes, da der geschäftliche Verkehr ein großer sein würde, eintreten müssen, gliedert sich doch schon das Auswanderungsbureau der kleinen Schweiz bei geringerer Kompetenz in zwei Abteilungen, einer kommissarischen und einer administrativen. Für Deutschland würde vielleicht eine Vierteilung sich empfehlen: I. Abteilung für Kultivation. II. Abteilung für Information und Presse. III. Abteilung für Beförderung. IV. Abteilung für Kolonisation.

Die Abteilung I braucht uns nicht weiter zu beschäftigen, ihre Thätigkeit würde der der heutigen Kolonialabteilung des auswärtigen Amtes entsprechen.

Eine der wichtigsten Angelegenheiten im Gebiete des Auswanderungswesens ist aber das Sammeln und Erteilen von Informationen. Wir wünschen diese Angelegenheit einer besonderen Abteilung übertragen zu sehen. Derartige staatliche Auskunftsbureaus bestehen, wie schon erwähnt, in der Schweiz und Belgien, sowie in England; auch in Deutschland hat die deutsche Kolonialgesellschaft bereits ein privates Auskunftsbureau eingerichtet, an das auch die staatlichen Behörden häufig verweisen.

Die Quellen*), deren sich in England das Bureau bedient, sind die kolonialen Generalagenten, freiwillige Berichterstattung, Beauftragte des Bureaus, und an alle Klassen der kolonialen Bevölkerung gerichtete Fragebogen. Für uns würden an Stelle der Generalagenten die Konsuln treten müssen, während jetzt sogar nach Bodemeyer**) noch „eine Instruktion an die deutschen Konsuln in Kraft ist, nach welcher dieselben nach deutschen Auswanderern sich nicht einmal umsehen dürfen."

Der schweizerischen kommissarischen Abteilung liegt nach § 3 des Bundesratsbeschlusses, betreffend die Organisation des schweizerischen Auswanderungsbureau vom 18. September 1888 besonders ob***):

1. rc.
2. rc.
3. Sammlung der auswärtigen gesetzgeberischen und anderen amtlichen Erlasse, betreffend das Auswanderungswesen, der sachbezüglichen konsularischen und anderen authentischen Berichte, wissenschaftlicher Schriften über die Verhältnisse der in Betracht fallenden Einwanderungsländer, der wichtigsten Auswanderungslitteratur und dergleichen.
4. rc.
5. Begutachtung von Kolonisationsunternehmungen und der damit zusammenhängenden Fragen.
6. Ertheilung von Rat, Auskunft und Empfehlungen an Auswanderer, wo ein Begehren dazu gestellt wird.
7. Zusammenstellung derjenigen Mitteilungen, welche für die Veröffentlichung bestimmt sind, soweit sie den Geschäftskreis der Abteilung berühren.

Wir möchten dieser Abteilung in Sonderheit noch eine Bearbeitung der Statistik zuweisen, dagegen die Begutachtung von Kolonisationsunternehmen, Bildung von Gesellschaften und dergleichen der Abteilung IV überweisen. Auch die Auskunftserteilung würde für

---

*) Bodemeyer: Das Auswanderungswesen in der Schweiz, in Belgien, England und Deutschland nach offiziellem Schriftmaterial. Berlin 1892. Seite 38.
**) Ebenda, S. 41.
***) Ebenda, S. 57.

gewöhnlich nicht von der Abteilung II selbst besorgt werden können. Wollte man dieser alle Auskunftserteilung zuweisen, so würde sie damit zu sehr überhäuft werden und ihre eigentliche Thätigkeit, die Einziehung und Bearbeitung der Informationen, darunter leiden. Reichte doch selbst in dem kleinen Belgien ein Bureau für die aktive Auskunftserteilung nicht aus, sondern es machte sich bald nötig, mehrere zu errichten. Es müßte jedoch immerhin eine direkte Information wenigstens für größere Unternehmungen vorbehalten bleiben, die eigentliche und gewöhnliche Auskunftserteilung aber der Abteilung IV und ihren Organen überwiesen werden. Diesen hätte die Abteilung II die Ergebnisse ihrer Bearbeitungen zu übermitteln.

Daneben müßten regelmäßige, vielleicht halbjährliche (in England vierteljährliche), Veröffentlichungen der bearbeiteten Informationen stattfinden. Es müßte ferner für volkstümliche Zusammenstellungen, Beschreibungen und "Auswandererführer" gesorgt werden, die sowohl durch den Buchhandel zu beziehen als auch unentgeltlich von den Organen der Abteilung IV verabreicht werden könnten. So haben wir z. B. hinlänglich aufklärende Schriften über Brasilien für Gebildete, aber für das Volk fehlen dieselben gänzlich, und doch würden sie ein vortreffliches Gegengewicht bilden gegen die zahlreichen romanhaften Schilderungen, Bücher und Unterhaltungsschriften über Nordamerika, die besonders auf die Jugend tiefgehenden Einfluß ausüben, und eine nicht zu unterschätzende Triebfeder zur Auswanderung auch in späteren Jahren noch sind. Sodann wäre das Gebiet der gesamten Publizistik, in Sonderheit die Presse, scharf zu überwachen und mit Entgegnungen und Berichtigungen vorzugehen, selbst der Inseratenteil mancher Zeitungen wäre nicht außer Acht zu lassen. Romanhaftes leisten an Schilderungen zuweilen amerikanische Zeitungen und deutsche drucken doch wohl hin und wieder derartige Sachen ohne viel Besinnen nach. Jene Blätter kommen auch sehr oft durch Verwandte, Bekannte oder Agenten in jenen hauptsächlichen Auswanderungsgegenden in die Hände des so schon auswanderungslustigen Publikums. Es könnte hier sehr viel geschehen durch volkstümliche Artikel in den gelesensten Zeitungen, die sowohl vor überspannten Hoffnungen warnen, als die realen Zustände wahrheitsgemäß darstellen müßten. Insbesondere würden hierzu auch geeignet sein jene "Kreisblätter" des nördlichen und östlichen Deutschland, die den Bekanntmachungen der einzelnen Kreise dienen und oft die einzigen dem kleinen Manne zugänglichen Preßerzeugnisse sind.

Der Abteilung III würde die Überwachung der im Hinblick auf

die Auswanderung erlassenen Gesetze und Bestimmungen, im besonderen eines Auswanderungsverbotes, Erhebung des Abzugsgeldes, Verabfolgung von Erlaubnisscheinen ꝛc. zufallen. — Ihre Hauptthätigkeit läge aber darin, die Geschäfte des jetzigen Agententums durch staatliche Beamte zu vollziehen.

Ihr fiele ferner zu der Abschluß von Verträgen mit Dampfschifffahrtsgesellschaften und die Überwachung über deren Innehaltung, sowie die Beaufsichtigung aller jener Maßregeln, die zur Beförderung der Auswanderung bis in das Kolonialland in sanitärer Beziehung und zum Schutze gegen Benachteiligung aller Art getroffen werden.

Eine Angelegenheit, die man dieser Abteilung überweisen könnte, wäre die Sorge für Heranbildung brauchbarer Leute zu Kolonialdirektoren und Beamten der Kolonie überhaupt. Es würde sich vielleicht empfehlen, im Anschluß an bestehende Ackerbauschulen spezielle Kurse einzurichten über die Agrikultur des Koloniallandes, bezügliche Gesetzgebung, Landessprache, kurz allem Einschlägigen. Als Organe dieser Abteilung wären provinziale Ämter, Auswanderungs-Vermittler und Kommissare einzusetzen. Auswanderungsämter müßten in jeder Provinz resp. in jedem größeren Bundesstaate eingerichtet werden, nur müßten solche der Einzelstaaten ebenfalls unmittelbar der Centralbehörde unterstellt sein. Diese Ämter würden mehr das Wohl und die Beratung des einzelnen Auswanderers, das zentrale Amt das der gesamten Auswanderung im Auge zu behalten haben. Sie sollten eine Zusammenfassung weiterer Unterorgane bilden und die Vermittelung zwischen diesen und dem Centralamt darstellen. Bei ihnen müßte aber der Schwerpunkt der Auskunftserteilung und der Beförderungsvermittelung liegen. Auskunft wäre sowohl mündlich als auch durch die von der Abteilung II bearbeiteten populären Darstellungen zu erteilen. Auch hätte in polizeilicher Hinsicht die Überwachung vor allem eines Auswanderungsverbotes nebst Erlaubniserteilung zur Auswanderung sowie des heimlichen Agententums speziell diesen Ämtern zuzufallen. Als weitere Unterorgane und Auswanderungsvermittler könnten die Lokalbehörden dienen. Sie wären mit entsprechenden Instruktionen zu versehen und zu verpflichten, vorläufige Auskunft zu erteilen, genauere durch das Provinzialamt zu vermitteln resp. auf dasselbe zu verweisen, eben so hätten sie auch Überfahrtscheine vom Provinzialamt zu besorgen.

Wir denken uns dies ähnlich vielleicht dem Agentenwesen vieler preußischer Landfeuersozietäten, wo der jedesmalige Ortsvorsteher, Agent, der Landrat, Inspektor der Versicherung im Nebenamte ist.

Die Funktionen des letzteren würden in unserem Falle wohl auf das Provinzialamt zu übertragen sein. Immerhin könnten einem derartigen Verwaltungsbeamten gewisse Aufsichtsrechte übertragen werden, da hierdurch am besten die Auswanderungsvermittler (Ortsvorstände) von irgend welchem Mißbrauch ihrer Thätigkeit ab- und zu einer richtigen Auffassung derselben angehalten werden könnten. Diese lokalen Behörden, die doch genau ihre Bezirke kennen, können leicht die Thätigkeit privater Agenten zur Kenntnis des Provinzialamtes bringen und am besten für eine entsprechende Beeinflussung der Auswanderungslustigen wirken. Das Amt des jetzigen Reichskommissars für das Auswanderungswesen könnte und müßte schon allein in Rücksicht auf die nicht deutsche, über Hamburg und Bremen ihren Weg nehmende Auswanderung bestehen bleiben, es würde aber vielleicht auch in sofern noch erweitert werden können, als Hülfsbeamte dieses Amtes ab und zu ein Auswandererschiff bis an seinen Bestimmungshafen zu begleiten hätten, um sich zu überzeugen, ob die Schifffahrtsgesellschaften ihre den Kontrakten gemäßen Verpflichtungen erfüllten.

Der Abteilung IV (für Kolonisation) würde die Aufgabe, für die Auswanderung im fremden Lande zu sorgen, obliegen, sie würde in Sonderheit Staatsverträge vorzubereiten haben, unter deren Schutz die Kolonisation vor sich gehen kann. Es fällt ihr der Schutz und die Aufsicht über die ganze Ansiedelung und die kolonialen Beamten zu, und sie hat alle Einrichtungen zur Förderung des Werkes zu treffen, kurz in allem als die oberste Behörde des Kolonisationswerkes zu fungieren. Sie hat die Gründung einer Kolonialgesellschafft zu betreiben und ihre Thätigkeit zu überwachen, besonders bei Festsetzung des Kaufpreises der Ansiedelungsstellen die Interessen der Auswanderer wahrzunehmen, für Schulen und Kirchen, sowie für Sicherheit des Besitztitels zu sorgen, Beschwerden entgegenzunehmen, die Selbstverwaltung bis zu einem gewissen Grade zu überwachen und eventuelle Rechtsprechung vorzunehmen. Besonders läge ihr die Regelung des Kapitalzuflusses durch Banken und Eisenbahnbauten, sowie auch die Regelung des Menschenzuflusses ob.

Als Organe wären Kolonialbeamte und Konsuln überall in den fraglichen Gebieten und Orten zur Ausführung der oben genannten Obliegenheiten einzusetzen. Dieser Beamtenschaft wäre in der Person eines Generalkonsuls ein unmittelbarer Vorgesetzter in dem Koloniallande selbst zu geben. Von ihm hätte sie ihre Weisungen und Befehle in Empfang zu nehmen. In bringenden Fällen müßte der Generalkonsul das Recht und die Pflicht selbständig vorzugehen haben; seine Hauptaufgabe würde es sein, die durch Verträge eventuell gewonnenen Rechte zu sichern und nach Umständen zu erweitern. Möglichst würde wenigstens diesem obersten Beamten eine Stellung zu geben sein, die ihm das Recht der Exterritorialität sicherte, geschehe dies nun, indem ihm ein entsprechendes diplomatisches Amt mitübertragen würde, oder auf Grund der abgeschlossenen Verträge. Dieser oberste Beamte hätte den Verkehr mit dem heimischen Kolonialamte sowie auch mit der betreffenden Landesregierung zu vermitteln. Wenn Konsuln und Kolonialbeamte die Überwachung der einzelnen Kolonieen zu besorgen hätten, so fiele dem Generalkonsul Aufsicht, Pflege und Schutz des Kolonisationswerkes im Allgemeinen zu.

Es würden aber auch die Einrichtungen einer solchen Organisation bei einer entsprechenden Verteilung der Bevölkerung, Umsiedelung derselben und Beschränkung der Auswanderung mitwirken können. Hier würden besonders die Organe der Abteilung III in Wirksamkeit treten, indem sie bei Vermittelung der Passage und der Auskunftserteilung die Auswanderungslustigen darauf hinweisen könnten, wie vielleicht der Osten Deutschlands ihnen noch weit günstigere Chancen zum Fortkommen biete als eine überseeische Auswanderung. Sie könnten auch hier eine Ansiedelung vermitteln. Gleichzeitig könnten aber die Provinzial-Auswanderungsämter die zeitweise in Folge lokaler Geschäftsstockungen beschäftigungslosen Arbeiter durch Aufrufe und Auskunftgebung über die Arbeitsverhältnisse anderer Gegenden, wo gerade vielleicht größere Eisenbahn- oder Kanalbauten in Angriff genommen wären, auf diese Arbeitsgelegenheiten hinweisen. Es würden dadurch jedenfalls immerhin eine große Zahl ausländischer Arbeiter überflüssig werden, und das Brachliegen deutscher Arbeitskräfte bis zu einem gewissen Grade verhindert und große Ersparnisse für die ganze Volkswirtschaft gemacht werden können. Wenn aber jetzt schon kommunale oder staatliche Arbeitsämter vielfach empfohlen und eingerichtet werden (z. B. voraussichtlich vom 1. April 1894 ab in Stuttgart), so könnten die provinzialen Auswanderungsämter mindestens für den Ort ihres Domiziles auch deren Geschäfte übernehmen. Jedenfalls ließe sich aber, je nachdem man eine Ausdehnung dieses Institutes der Arbeitsämter als wünschenswert erachtet, eine gute und zweckentsprechende Verbindung desselben mit den Auswanderungsämtern und ihren weiteren Organen sehr wohl herstellen.

So ausgerüstet, glauben wir, daß es möglich sei, einen Einfluß auf die Richtung und die Stärke der Auswanderung auszuüben, der dem einer Heeresleitung vergleichbar ist. Das Heer würde nicht mehr nach Überschreitung der Grenze verloren sein, sondern auch ferner den Weisungen seiner Führer folgen. So ausgerüstet, glauben wir, daß unser Volk noch in später Stunde das Erbteil der Erde, das ihm gebührt, sich erringen werde. Wohl möchte durch die Einflüsse der Natur und des Klimas, sowie durch eventuelle Vermischung mit anderen Volksbestandteilen, auf neuer Erde auch bis zu einem gewissen Grade eine neue Spielart unseres National=charakters sich herausbilden. Durch innigen nationalen und öko=nomischen Verkehr mit dem Tochtervolke aber würde ein unver=siegbarer Jungborn für das Volk im alten Heimatlande sich aufthun. Neue Ideeen und neue Menschheitsziele würden ihm wärmer in das Herz bringen, wenn sie ihm von einem jungen Volke in seiner eigenen Sprache entgegen klingen, als wenn ein junges Volk in fremden Lauten zu ihm spricht. „Die Nation, die am meisten kolonisiert, ist die erste und wenn sie es heute noch nicht ist, wird sie es morgen sein" hat Leroy=Beaulieu gesagt, und in der That, die Geschichte bestätigt diesen Ausspruch überall. Die Völker, die Kraft zur Kolonisation haben und benutzen sie, können nie vergehen. Wenn die Mutternation dahinsinkt im Strome der Zeiten, ersteht die Tochternation um so schöner.

Lange genug aber haben wir unsere Auswanderung in 'αποιχίαις verkommen und uns fremd werden lassen, es ist die höchste Zeit, unserer Kraft und unserer Stärke uns bewußt zu werden und sie zu benutzen, um κληρουχίαι zu gründen, sich selbst zum Wohle, uns zum Nutzen und im Interesse der Humanität und des Kulturfort=schrittes der Menschheit.

www.ingramcontent.com/pod-product-compliance
Lightning Source LLC
Chambersburg PA
CBHW031355160426
43196CB00007B/818